ESSAI SUR LE DROIT COUTUMIER

APPLIQUÉ

A LA

COUTUME DE VERMANDOIS

PAR

L. TRONQUOY

SUBSTITUT PRÈS LE TRIBUNAL DE LA SEINE

Extrait du *Bulletin* de la Société archéologique de Vervins

VERVINS

IMPRIMERIE DU JOURNAL DE VERVINS, RUE DE PARIS, 31

ESSAI SUR LE DROIT COUTUMIER

APPLIQUÉ

A LA

COUTUME DE VERMANDOIS

PAR

L. TRONQUOY

SUBSTITUT PRÈS LE TRIBUNAL DE LA SEINE

Extrait du *Bulletin* de la Société archéologique de Vervins

VERVINS

IMPRIMERIE DU JOURNAL DE VERVINS, RUE DE PARIS, 31

INTRODUCTION

I

ORIGINE DU DROIT COUTUMIER

La rédaction des Coutumes fut le résultat fatal du développement des relations sociales et de la réaction qui commençait à s'opérer au XVIe siècle contre les abus du régime féodal. Pour expliquer quels besoins des populations, quelles influences, quels événements avaient rendu nécessaire ce commencement d'unité dans notre législation, il faut remonter jusqu'à la conquête de la Gaule par les Romains, et passer rapidement en revue les changements qui survinrent.

La Gaule, soumise à la domination romaine, fut transformée jusque dans sa langue par ses vainqueurs, et ceux-ci apportèrent aux vaincus leurs mœurs, leurs institutions et leurs lois ; il est donc naturel de supposer qu'il ne subsista dans le droit des Gaules que quelques coutumes qui ne pouvaient s'accommoder avec le droit romain. Pendant près de cinq siècles, le midi de la Gaule fut ainsi régi, et le *Breviarium* d'Alaric II, principal monument du droit à cette époque, ne fut qu'un abrégé du Code Théodosien : il contenait les sentences de Paul et un Gaïus remanié. Il est probable que les populations du nord auraient fini par suivre l'exemple des pays situés au sud de la Loire, et que, subissant constamment l'influence des conquérants, elles auraient insensiblement abandonné leurs coutumes particulières pour s'assimiler les institutions et les lois plus civilisées des Romains.

Mais survint l'invasion germanique, et l'unité relative qui était sur le point de s'accomplir dans le droit de notre pays fut retardée de plusieurs siècles : les barbares qui firent irruption de toutes parts arrivèrent avec des mœurs nouvelles et ce n'était pas à ces farouches vainqueurs qu'il fallait demander d'accepter les progrès de la civilisation. Ils conservèrent donc, par ignorance plutôt que par orgueil national, les coutumes qu'ils avaient apportées de leur pays et les écrivirent même pour les maintenir dans leur intégrité. Ainsi, à chacun fut appliquée sa loi d'origine ; c'était le système de la personnalité des lois.

Cette organisation, logique à ses débuts, ne tarda pas à faire place à une autre directement contraire, car peu à peu les races se mêlèrent, les familles se confondirent et les lois qui devaient régir chaque peuple devinrent bientôt des coutumes locales. Ce ne fut plus à un certain peuple mais à un certain pays que les règles écrites ou non écrites durent s'appliquer ; le droit qui était personnel devint territorial.

La féodalité consacra le nouveau système en donnant à chaque feudataire l'administration, la justice et le pouvoir législatif dans toute l'étendue de sa seigneurie. Malheureusement, ce progrès accompli vers l'unité de législation fut contrebalancé par un grave obstacle : la multiplicité des seigneuries. De sorte qu'au lieu d'avoir plusieurs coutumes personnelles, on eut une infinité de coutumes locales.

Pourtant la féodalité elle-même avait établi entre les vassaux et leurs suzerains une hiérarchie qui remontait jusqu'au souverain, et au-dessus de toutes les juridictions seigneuriales, il y avait celle du roi, dont l'action, quoique indirecte, se faisait sentir d'une façon unique et uniforme sur la jurisprudence du pays entier. Il en résulta qu'à mesure que la puissance du roi augmenta et qu'il sut mieux résister aux empiétements des seigneurs de la féodalité, on s'accoutuma à le considérer comme le chef d'une nation et comme son souverain justicier. C'est ainsi qu'au treizième siècle prenait naissance un droit civil pur, qui devait absorber le droit féodal et triompher des criminels abus que les seigneurs soutenaient au nom de la Justice.

Au seizième siècle, la révolution opérée fut consacrée par la rédaction officielle des coutumes et par les réformes qu'on y introduisit. Nous ne venons pas dire que l'œuvre fût complète et encore moins qu'elle fût parfaite ; mais il est certain que la rédaction des coutumes était une transition nécessaire entre un régime barbare et les principes de la révolution française ; elle fut, si l'on veut nous permettre cette comparaison, comme une note de passage, discordante si on la considère seule et indépendamment de celles qui la précèdent et qui la suivent, indispensable au contraire et même harmonieuse si on réfléchit qu'elle se résolut en un accord presque parfait : le Code Civil.

Ainsi et en résumé, la première source du droit coutumier vient tant des lois Saliques, Ripuaires et Gombettes, introduites par les peuples vainqueurs, que des lois et coutumes qui avaient cours entre les Gaulois lors de l'invasion. Plus tard les rois ont fait, selon la nécessité des affaires et les progrès de la civilisation, diverses ordonnances, lois et capitulaires. Et le temps a rassemblé tous ces monuments pour former ce qu'on a appelé le *Droit Coutumier*.

II

LA COUTUME DE VERMANDOIS — SON ÉTENDUE D'APPLICATION

Si on veut rechercher comment les choses se sont particulièrement passées pour la Coutume de Vermandois, on peut dire que, comme première et plus ancienne province de la France, le Vermandois a retenu les anciennes coutumes générales ; les comtes et seigneurs qui y ont dominé ont fait de nouveaux statuts pour les villes ou confirmé leurs usages primitifs : telle fut la loi dite de Vrevin ou de la Bassée, due à un seigneur de Vervins ; telle fut encore l'ordonnance appelée « La paix de la Fère », faite par un Enguerrand de Coucy ; d'autre part, les rois ont agi de même pour les villes qui leur sont venues par droit de réversion, composition ou autrement : c'est ce que justifient les chartes des communes de Saint-Quentin, Péronne, Chauny et autres ; enfin certaines institutions du droit romain se sont maintenues à travers les siècles et sont devenues des articles de notre Coutume.

Avant d'aborder l'étude de la Coutume de Vermandois, il est indispensable de savoir autant que possible quelle fut son étendue d'application.

En premier lieu, il faut distinguer le comté et le bailliage de Vermandois :

Un pays appelé Vermandois, et situé au nord-ouest de la Thiérache, autour des sources de la Somme, fut érigé en comté par Charlemagne en faveur de son deuxième fils Pépin ; il avait pour villes principales Saint-Quentin (*Augusta Veromanduorum*), Vermand, Ham (*Hametum* ou *Hamum*), Saint-Simon, le Câtelet. Ce comté devint la propriété de Bernard, roi d'Italie et fils de Pépin, puis passa entre les mains des comtes qui lui succédèrent. Sous le règne de Philippe-Auguste, il appartenait au comte de Flandres ; le roi de France fit la guerre à ce dernier, et en 1215 le comté de Vermandois fut réuni à la couronne.

Philippe-Auguste établit un grand bailli (le premier de la France) pour gouverner le pays et pour y rendre la justice ; il ordonna que ce bailli tînt son siège dans la ville de Laon. Comme nous voulons étudier la Coutume de Vermandois telle qu'elle fut rédigée au XVIe siècle, en 1556, c'est aussi à cette époque que nous nous placerons pour rechercher sur quelles villes, sur quels territoires s'étendit son empire. Mais il paraît impossible de donner au Vermandois, envisagé de cette façon, des bornes fixes et des limites précises ; c'est malheureusement par une sèche et aride énumération de villes, villages et hameaux qu'il faut procéder, car parfois des villages, enclavés de tous côtés par des territoires soumis à la Coutume de Vermandois, ressortissaient d'une autre coutume, et parfois la Coutume de Vermandois s'étendait sur des pays voisins qui semblaient géographiquement devoir être soustraits à son autorité.

La Coutume de Vermandois, dont nous ne voulons donner qu'un aperçu bref et général, comprenait les bailliages et prévôtés de Laon et de Soissons, ainsi que les territoires dépendant des coutumes particulières de Ribemont, Saint-Quentin, Noyon et Coucy.

Ainsi, les bailliages et prévôtés de Laon et de Soissons et les territoires dépendant des coutumes particulières de Ribemont, Saint-Quentin, Noyon et Coucy étaient soumis à la Coutume générale de Vermandois chaque fois que les dispositions de ces coutumes particulières ne se trouvaient pas en contradiction avec celles de la coutume générale.

1° BAILLIAGE ET PRÉVOTÉ DE LAON

A

Assi
Aulnoi et Longueaue
Aumencourt
Avain et la Thieulerie
Arthies
Amifontaine
Avaux (en partie)
Aiguillicourt
Autremencourt
Apremont
Andelain
Amies
Aiselle
Aubigni
Arensi
Arenso (la ville et la court)
Aiselles

B

Bourc Comin
Brai en Laennais
Berrieux
Bievre
Bouconville
Beaunes
Brancourt
Bussi les Cerni
Bries
Besni
Bois et Pargni
Betlancourt
Bohain
Bosault
Buci les Pierrepont
Barenton sur Serre
Barenton Bugni
Barenton le sec
Boulleaux
Barzy (en partie)
Banthor
Bruyères
Beaumont
Briennes
Bertaucourt
Beaurepaire
Bransicourt
Beaurieu
Bourguignon
Brai en Thiérache
Bancigni
Berlize
Brunehamel et les Autels
Bellimont
Blanche Buteilles
Boncourt
Bercourt
Beauvoir

C

Chivi
Crandelain
Coulliegi
Chaumont cense
Cerni en Laonnois
Chamouille
Couteron
Chermisi et Euregame
Cheure
Cheret
Chevregni
Courvisi
Crespi
Chivi et Estouvelles
Caumont
Cuissi
Cubigni
Cornelles
Chaillevet
Chivri les hiners
Chéri
Chatillon lez sons
Chancourt
Creci sur Serre
Chevesne
Chalendri
Chilli
Cuirieux
Chameri
Chéri les Poilli
Cessiers
Classi et Thiere
Conhayon
Chantlud
Clermont cense
Couhartil
Chaourse
Craonnes
Condé
Chaudardes
Corbeni
Cuissi
Curi lez Chaudardes
Craonnelles
Concevreux
Courtizi
Courtonnes
Chermes
Couppet
Couci lez Eppe
Chaillevois
Cruveron
Creutes
Courbes et le Censier.
Courdaue et le moulin
Clari

D

Danisi

Deuillet
Dolignon
Dohis
Daigni
Danemarie
Dizy
Delain et Ribaudon
Derci

E

Erlouët
Euregnicourt
Estrouvelles
Espourdan
Etrepoix

F

Festieux
Fay lez Pierrepont
Froimont
Fontaine-lez-Vrevin
Franqueville
Faucoucourt et Marcilli
Fressencourt et Follembrise
Fourdrain, et les maisons des boës et les pescheries.
Fussigni
Floricourt
Fayeux
Fouquerolles
Faviers
Frontigny
Foucausi

G

Gerci
Grantrieu
Grona
Gernicourt
Glennes
Godelencourt
Grantlud
Guinicourt
Gizi
Godelancour-lez-Berrieu

H

Hanneaux
Haroigni
Haultion
Haris
Haye
Hiviers
Haudreville
Houssel
Hurtebise
Horis
Heraucourt
Houdenoi

J

Jantes
Joffroicourt
Juvigni
Juvincourt le petit

L

Laon
Laval saint Pierre
l'Abbaye de Prémontré
La Fère
Le Ferté sur Péron (en partie)
Lugni
La maison du temple
La Pêcherie
La Mothe
Liveri
Lislet
Lappion
La court de Souppir
Lambreci
Liesse
La Selve
Le moulin de Medels
Laval
La paix Saint Antoine
La maison de Bailli et le moulin
Laigni et le moulin de la ville au bois
Lierval
La maison des Prez
Lizi et la Thieullerie
Laniscourt
Le pont à Buci
Le Sart sur Serre
Les Censes de Loizi et Terre Anguillicourt
Lerve

M

Missi
Mauloue
Montigni le franc
Moncornet
Monceaux le Wast
Marfontaine
Montigni sur Creci
Montigni sous Marle
Montiers
Marci
Membrecourt
Machecourt
Monthenault
Montchallons
Montigni en Laonnois
Montbavain
Montarsennes
Montceaux-les-Leups
Molinchart et le Rieu
Monstrecousture
Monceaux-les-Rosoi
Mauregni
Mons en Laonnois
Molins
Moussi et Lemé
Malva
Montagu

Magni
Marchais
Montnampteuil
Marle
Maineville
Malmaison
Monthiemont
Montberault
Merlieu
Moranci
Malaise

N

Nancelles
Neufville en Laonnois
Neufchâtel
Nisi le comte
Neufville le Housset
Noviont l'abbesse
Noirecourt
Noviont le vigneux
Neufville de Bosmont

O

Orgueval
Orinville
Origny

P

Pignicourt
Prouvais
Proviseux
Pleuvois
Ployart
Panci
Paici et le Mosnier
Plomion
Parfondeval
Presles
Parfondereuë
Pontgival
Pontaverre
Pierrepont
Pré Robert
Prices
Poilli
Pagneuls
Piseulx

R

Raizigni
Rozoi
Roumérie
Raillimont
Remies
Rogecourt
Royaucourt
Richaumont
Rougni
Ronchere
Rougeois
Relle
Remicourt
Raris
Robert-champ
Rouï
Raineval
Radouel, Mailli
Rougemont
Reneville

S

Sainte-Croix
S. Nicolas au bois
Suzi et Sauecourt
Serni le Buci
Saint Erme
Sissonne
Saive
Servais
Soise
Sechelles
Septvaux
Saint-Gobain
Sons
Sainte Geneviève
S. Clément
Saint-Thomas
Saint Pierre
Souppir
Samouci
Sainte Preuve
Serreau
Saint Gobert
S. Pierre les Franqueville
Saint Amille
Saint Jean Aubigny
S. Martin
S. Adrien

T

Thoni
Thoilli
Thaveau
Thenailles
Thieri
Trussi
Troyon
Terne
Train

V

Vauclerc
Vauharis
Vigneux
Voulpaix
Vrevin le petit
Vinci
Vresigni
Wisignicourt
Wiri
Vivaise
Warissecourt
Villi. Urcel
Vrevin
Vaucelles et Beusecourt
Voyennes

Verneuil sur Serre
Vorges
Vesles
Wicherie et S. Georges
Venderesse
Veeslud
Vorsannes
Vaudeluc
Vaulerigny
Verneuil sur Aixne

SOISSONS

A

Assi devant Soissons
Aizi

B

Basoches
Brai sous Clameci
Bouï
Brange
Barbonval
Buci

C

Clameci
Crouï
Condé
Celles
Coham
Coumelles
Courcelles
Chaivignon
Chavoines
Chivres sur Aixne

D

Duisi
Duiset (en partie)

F

Fonphri
Filains

G

Gessencourt

J

Joï
Jouennes

L

Loupines
Longueval
L'huis
Leuri
Les Creutes sous Muret
La Faux
Le mont notre Dame (en partie)
La Chaye
La Chayette et le moulin (en partie)

M

Margival
Muret
Mont Saint Martin
Missi sur Aixne

N

Nampteuïl sous Muret
Nampteuïl la fosse
Neufville sous Margival
Neufville sous sainte Gemmes

P

Pinon
Parqui

R

Roüi

S

Soissons
Saint Thibault
Serches
Sarsi
Sorni
Sainte Gemmes
Serval

T

Taniers
Terni

V

Vailli
Violaines
Ville Savoye
Vregny

2° VILLES & VILLAGES DÉPENDANS DE LA COUTUME DE RIBEMONT

A

Aubenton
Abiey

B

Boissy
Bévord.
Beaurains
Berthencourt
Bernonville

C

Chevrésis-le-Meldeux
Chasni
Colonfay

D

Doren
Dantheuille
Dalaincourt
Dernanssart

E

Estrées au pont (en partie)
Ezonville

F

Faï-les-Noyers
Fasti
Fontaines-notre-Dame
Fieulaines

G

Guise
Grougies

H

Hennaples
Hamegicourt. Iron

L

La Neufville
Landifai
La Vacqueresse
L'Echelle
Le mont d'Origni
Letheries

M

Maiziers sur Oise
Marli
Monceaux le vieil
Monceaux le neuf
Macquigni

N

Noviant le Comte
Noyalles
Neufville-lez-Doren
Neufvillette

P

Parpeville
Puiseux
Plaineselve
Proi
Proisi

R

Ribemont
Richecourt
Regni
Richaumont

S

Seri
Sains
Sissi
Saint-Auger
Saint-Wast-Dorigni
Sorbai
Surfontaine

T

Tuppigni
Thevelles

V

Verli
Wadencourt
Villers le sec

3° VILLES & VILLAGES DÉPENDANS DE LA COUTUME DE S[T]-QUENTIN

A

Aulnoi
Acteng
Athilli
Avennes
Auroi
Aussu

B

Bohain
Brait
Bruiecourt
Beauvoir
Benai
Bellicourt
Brencourt
Beaurevoir
Bouï
Bencheul
Berenglise
Berthaucourt
Baulcourt
Bragies
Brachevil
Beauroüart
Bruni

C

Cugni
Cuvilli
Colincourt
Clastres
Croix
Corbeni
Caponne
Courtigni
Courcelles
Ceppi

D

Dalon
Doulli
Duri
Doulchi
Destouilli

Destreilles

E

Essigni-le-Grand
Essigni-le-Petit
Estrées

F

Fontaines le clerc
Fluquieres
Fayel
Francili
Frenai le petit
Foussons
Frenoi en Arouaise
Fontaine utertre
Fai
Forêts

G

Germaines
Gricourt
Gaulri
Grengies
Giffecourt
Gilercourt
Goi
Gouvelieu
Grand priel

H

Han
Houvecourt
Happencourt
Herouels
Holnon
Hinacourt
Harli
Homblières
Hargicourt
Haute-bruyère

J

Jutencourt
Jehancourt
Juregni
Joncourt

L

Lauchi
Le Vougne
Le Haulcourt
Lavenne
Le mesnil s. Laurent
Labbiette
La cense de Margiere
Les censes de Cauvegni
L'espée
Lambai
La Tour aux Armes

M

Montbochain
Malincourt
Maigni
Maissonnie
Marteville
Montescourt Lizerolles
Moï
Marci
Morcourt
Maquinicourt
Montigni
Montizelles

N

Neesle
Neufville
Nourroi

O

Offois
Obigni
Onussi
Oistre
Oisni

P

Ponts
Pithon
Pontheval
Puisseux
Pontru
Presel

R

Roui le grand
Roui le petit
Rouppi
Raulcourt
Ramicourt
Rouvroi
Remaucourt
Rouquerolles
Riqueval

S

Saint Quentin
Saint Simon
Seraucourt le grand
Seraucourt le petit
Savi
Salanci
Saucourt
Solecourt
Serisi
Sequehart
Sevaule
Senencourt
Saulchoix-lez-Pithon

T

Tugni
Traveri
Thoul
Tilloi
Tronquoi

V

Voyennes
Vaux
Villers saint Christophle
Wadencourt

Villecholles
Vermans
Vendelles
Villevêque
Vovillers
Vendeuil
Villers outrance
Verguier
Villers gaillain
Vendeuil
Wiencourt
Viefville

4° VILLES ET VILLAGES DÉPENDANS DE LA COUTUME DE NOYON

A

Apilli

B

Buchoir
Beaurains
Babeuf
Berlancourt
Badicourt
Berthencourt
Baugies
Behericourt
Buci

C

Carlepont
Camas
Crizolles
Cachi
Cavetencourt
Chiri
Carmoye
Crarci
Chavigni le soir
Chevilli
Cachegni
Cui

D

Dine
Dinette
Dampernot
Dominois
Dreslincourt

E

Espinois
Esuricourt
Escuilli
Ercheu

F

Flavi le Merdreux
Frestoi

G

Grandreu
Gredeville
Genvri
Griecourt

H

Hontleux

J

Jussi

K

Kesmi

L

La cense de la male-maison
Lassegni
Larbroye
La cense de Collezi
La cense de campaigne
La maison de Thevaillon
La folle de Saint-Martin
La cense de Boutavant
La cense Thiebauville
Libermont
Le Plessier-Chasseleu
Laigni
La maison de Launoi
La Potière pezée
La cense de la haute-Arbroye
La cense d'Ingomer
La cense de l'Hôpital du Temple

M

Moureul
Marêts (en partie)
Modescourt
Morlancourt
Muiraucourt
Maucourt
Maigni
Moyencourt

N

Noyon

P

Plessier de Royer
Pontoise
Pommeroye
Porquericourt
Pont l'Evêque
Passel
Plessier patte doye

R

Rambercourt
Roumerel
Roblecourt
Romecourt

S

Sermaizes

T

Tillencourt
Thiescourt

V

Vauchelles
Varesnes
Wignies le gai
Viri
Voyennes (en partie)

5° VILLES ET VILLAGES DÉPENDANS DE LA COUTUME DE COUCI

A

Autreville
Aufresnes
Allemant
Aubercourt

B

Blerencordel
Bairesi au-deçà du Ru
Blerencourt
Bretigni

C

Couci
Couci la ville
Creci
Courson
Cus
Charus

F

Fraines
Folembrai

G

Grandfaux

J

Jumencourt
Juvigni

L

La Marie
Landricourt
Luilli
La Viefville

M

Malbousine

N

Nougent

O

Orgival

P

Pierremande
Prémontré
Pinon

Q

Quinci

S

Sorni
Saint Paul au bois
Sincheni

T

Trolli

V

Vaussaillon
Vaussolles
Vaudesson
Verneuil

ESSAI SUR LE DROIT COUTUMIER

APPLIQUÉ

A LA

COUTUME DE VERMANDOIS

PREMIÈRE PARTIE

DES PERSONNES

CHAPITRE PREMIER

NOBLES. — SERFS. — BATARDS. — AUBAINS

I

NOBLES

Naissance. — La formule suivante explique brièvement de quelle façon la noblesse, au XVIe siècle, se transmettait par le fait de la naissance : « Enfants issus de père et mère nobles, ou de père noble et « mère roturière, en loyal mariage, sont nobles ; mais, si le père est « roturier, les enfants sont réputés roturiers encore que la mère soit « noble. »

Moins exactement, mais en termes plus pittoresques, un poëte de cette époque disait aussi :

Les pères nobles et vertueux
Ont des enfants de même qu'eux,
Pour puis succéder en leur place :
Le père, ainsi du Bouvillon
Et du généreux Estalon
Montre sa vertu par sa race :
Jamais les porte-foudre oiseaux
N'ont fait de craintifs pigeonneaux.

La forme étrange de ces vers dissimule, on s'en aperçoit bien vite, une idée très fausse ; en tout cas, le principe est certain et tellement clair par lui-même qu'il n'a besoin d'aucune explication. Faisons toutefois une remarque intéressante : c'est que les filles nobles de Champagne communiquaient leur noblesse à leurs enfants encore que leurs maris fussent roturiers. Ce privilège leur avait été octroyé après la bataille de Fontenay près d'Auxerre entre Charles le Chauve et ses frères, bataille dans laquelle presque toute la noblesse de Champagne fut détruite.

Mariage. — Les femmes pouvaient être nobles autrement que par la naissance, car notre coutume dit que la qualité de la femme mariée, quant à l'honneur, se considère par celle du mari. Cette proposition peut se décomposer et comprend deux hypothèses :

1° Une femme roturière mariée à un homme noble est réputée noble parce que, disait emphatiquement un écrivain du temps, « comme la « lune reçoit la clarté de son soleil, la femme reluit par les rayons de « son mari » ; après la mort de son mari elle conservait la noblesse qui lui avait été communiquée, car « quoique le soleil soit couché, la lune « ne cesse de reluire ». Mais si cette veuve, ainsi anoblie, se remariait à un roturier, elle perdait le privilège de sa noblesse. Pour rester noble, elle devait répondre à celui qui se présentait pour l'épouser :

Celui-là qui premier me joignit avec soi
Emporta mes amours et engagea ma foi ;
Il la garde au cercueil, et sous sa cendre éteinte,
Je conserve la foi de notre amitié sainte.

2° La deuxième hypothèse est celle où une femme noble de naissance se marie avec un roturier. Son privilège de noblesse se trouve suspendu tant que dure le mariage parce que la femme suit la condition de son mari. A la mort du mari, elle conserve encore l'état qu'elle avait pendant le mariage, c'est-à-dire reste roturière ; pourtant, si elle veut rentrer en possession de son privilège de noblesse, il lui suffit de se présenter devant le juge compétent et de déclarer qu'elle entend par la suite vivre noblement.

Offices anoblissants. — Vers le xve siècle, on avait commencé à considérer comme nobles ceux qui étaient pourvus d'offices nobles, c'est-à-dire, selon la définition de Loyseau « de dignités avec fonctions « ordinaires en l'Estat ». Cette noblesse ne pouvait, en général, se transmettre aux enfants ; elle n'était que viagère, à moins que le dignitaire n'eût une charge très élevée comme celle d'officier de la couronne ou de président d'une Cour souveraine.

Noblesse terrienne. — Pendant longtemps on se demanda si ceux qui n'étaient pas de race noble, et qui pourtant tenaient des fiefs, étaient anoblis par le fief. Une ordonnance de 1470 de Louis XI déclare nobles, en Normandie, tous ceux qui tiennent des fiefs ; mais au xvie siècle, à l'époque à laquelle nous nous plaçons, comme il est permis à toute personne de tenir des fiefs, il est hors de doute que le fief par lui-même n'anoblit pas.

Cependant, l'acquéreur d'un fief auquel était originairement attaché un titre de marquis, comte, etc., pouvait porter ce titre sans pour cela qu'il pût prétendre au privilège de noblesse : c'est cette noblesse qu'on appelait noblesse terrienne par opposition à la noblesse de race.

II

SERFS

La servitude et le servage sont les deux états par lesquels a successivement passé le faible vaincu par le fort. Le servage de l'époque féodale et qui subsiste au xvie siècle était un grand progrès si on le compare à la servitude ; c'était un état d'infériorité injuste et révoltant si on le compare à la liberté.

3

A l'époque féodale, tout individu vivant sur la terre d'un seigneur était présumé serf s'il ne pouvait prouver qu'il eût droit à un état contraire au servage ; au XIIIe siècle le principe était retourné, et la franchise était présumée à moins que le seigneur ne pût prouver que l'individu dont il s'agissait était son serf.

Au XVIe siècle, un grand nombre de serfs étaient devenus libres : le clergé en avait racheté beaucoup ; le roi et les seigneurs en avaient affranchi, et certains s'étaient libérés en résidant pendant un an et un jour dans une ville de commune sans être réclamés par leur seigneur.

Mais il en restait encore, et parmi les incapacités relatives aux principaux actes du droit civil qui les frappaient, nous pouvons noter les suivantes :

Le serf qui épousait sans le consentement de son seigneur une personne de condition franche, ou le serf d'une autre seigneurie, devait payer au seigneur pour for-mariage une amende de soixante sols et un denier.

Le serf engagé dans les ordres, devenu clerc, n'était déchargé que des corvées, mais il continuait à fournir les tailles et autres charges pécuniaires. Quant aux corvées, elles devaient être acquittées par un autre en ses lieu et place.

Pour pouvoir acquérir une terre noble, le serf devait obtenir une permission de son seigneur ; ce consentement n'était pas exigé pour l'acquisition d'une terre non noble.

Le serf pouvait aliéner entre vifs ses biens meubles ; mais, en principe, il ne pouvait aliéner ses immeubles serviles ou libres.

Le seigneur était le successeur éventuel de tous les biens du serf ; on lui préférait pourtant les enfants du serf et quelquefois même les ascendants et les collatéraux : dans cette hypothèse, le droit du seigneur était seulement suspendu jusqu'à la mort de ces ascendants ou collatéraux.

Rappelons en passant que le servage fut aboli dans le domaine du roi en août 1779 et qu'il disparut complètement dans la nuit du 4 août 1789.

III

BATARDS

On est généralement choqué de la distinction établie entre les nobles et les serfs, des privilèges accordés aux uns et des incapacités dont étaient frappés les autres ; mais on considère comme de peu d'importance, on est presque disposé à trouver équitables les déchéances qui étaient encourues par les bâtards. C'est toujours la suite de cette idée fausse qui n'a pas encore disparu au XIXe siècle et qui consiste à rechercher non pas ce qu'un homme fait dans le monde, mais la façon dont il y est entré.

Incapacités du bâtard. — Cette tache de la bâtardise imprimée au nouveau-né était pour lui une cause perpétuelle d'injustice et de mépris : les incapacités dont il était frappé étaient nombreuses ; pourtant la théorie apparaissait tellement révoltante que la pratique l'avait adoucie peu à peu. En général, les bâtards pouvaient tester, recevoir de leurs père et mère des donations, mêmes universelles, entre vifs ou testamentaires ; mais si, à leur mort, ils ne laissaient ni enfants ni descendants légitimes, leurs biens passaient, par droit de déshérence, au roi ou au seigneur dans la haute justice duquel ils étaient nés, domiciliés et décédés.

De plus, personne n'ignore que le bâtard d'un noble ne pouvait prendre le nom et les armes de son père qu'après avoir été reconnu et après avoir obtenu des lettres de noblesse enregistrées. Et encore était-il obligé de porter dans ses armes une barre qui le distinguait des enfants légitimes.

Dans notre coutume, les biens des bâtards appartenaient aux hauts justiciers quand ils étaient nés et domiciliés sur leurs terres et décédés « sans hoirs procréez de leurs corps en loyal mariage ». Il y est dit aussi que les bâtards peuvent se marier ; si les rédacteurs de la Coutume de Vermandois ont insisté sur ce droit, c'est probablement parce que dans certaines provinces, les bâtards encouraient le droit de formariage lorsqu'ils épousaient des personnes qui n'étaient pas de leur condition. Dire ici que les bâtards pouvaient se marier, c'est donc dire qu'ils pouvaient se marier sans être, comme les serfs et les aubains, soumis au droit de formariage.

IV

AUBAINS

On est parfois surpris de voir que les nations de l'antiquité et les peuples du moyen âge prenaient le plus souvent des mesures presque hostiles à l'égard des étrangers qui venaient s'établir sur leur territoire ; c'est qu'aujourd'hui les besoins du commerce et les progrès de la civilisation tendent de plus en plus à rapprocher tous les hommes et à les confondre dans un même cri de fraternité. C'est une utopie bien belle, mais qui ne pourra se réaliser que le jour où le sentiment du patriotisme n'existera plus nulle part.

Toujours est-il qu'à l'époque où nous nous plaçons, à défaut de philosophie et de socialisme, on aimait sa patrie et son pays plus fortement que nous ne le faisons aujourd'hui, et, comme conséquence immédiate de cet attachement au sol natal, on méprisait les étrangers, on leur créait des embarras de toute nature ; aussi, en tolérant leur séjour sur le sol de la France, on leur imposait des conditions très dures que nous allons indiquer.

Etymologie. — Les étrangers étaient désignés du nom d'« aubains ». On a l'habitude de donner pour étymologie à ce nom les mots latins *alibi nati* (nés ailleurs) et on suppose que, par une transformation plus ingénieuse que rationnelle, on en est arrivé à dire « aubains » au lieu de *alibi nati*.

L'explication fournie par M. Demangeat nous semble bien préférable, quand, reproduisant l'étymologie proposée par de Laurière, il explique que le nom d'aubains a été donné par l'usage à tous les étrangers par extension du titre d'Albani qui était le nom particulier des Ecossais. En effet, dans les temps anciens et même au moyen âge, on a souvent désigné plusieurs peuples par le nom particulier de l'un d'eux : ainsi les Juifs donnaient autrefois aux étrangers le nom de « Grecs » et anciennement on appelait « Francs », dans tout l'Orient, les chrétiens de l'Europe à quelque nation qu'ils appartinssent. Or, les Ecossais ayant toujours été réputés d'humeur voyageuse, il est vraisemblable d'admettre que leur nom a pu servir, dans l'origine, à désigner d'une façon générale tous les étrangers.

Condition de l'aubain au XVIe Siècle. — Plus on remonte vers l'antiquité, plus on remarque l'analogie que la condition des étrangers offrait avec celle des esclaves ; au contraire plus on s'approche des temps modernes, plus on s'aperçoit de la tendance que l'on a à assimiler les étrangers aux citoyens eux-mêmes.

« Les aubains vivent comme libres et meurent comme esclaves » ; tel était à peu près le résultat auquel on était arrivé au XVIe siècle.

Le droit d'aubaine proprement dit s'entendait de la double incapacité pour l'étranger de succéder et de transmettre, soit *ab intestat*, soit par testament, soit à ses parents, soit à tous autres.

Sous le droit coutumier, on peut dire que la condition de l'aubain en général était la suivante :

1° Il ne pouvait acquérir des biens situés en France ni par succession, ni par testament, ni par donation à cause de mort.

2° Il était incapable de tester.

3° Il ne pouvait transmettre ses biens qu'à ses descendants légitimes nés en France ou naturalisés et résidant en France.

Mais, dans la Coutume de Vermandois, la capacité des aubains était plus étendue, car il y est dit en termes exprès que « les aubains peu- « vent acquérir des biens dans le bailliage de Vermandois et en disposer « entre vifs, mais non par testament ». Ce n'est donc pas seulement à leurs descendants que les étrangers ont la capacité de transmettre : ils peuvent, entre vifs, faire passer leurs biens à qui bon leur semble. Mais, à défaut de disposition de cette nature, « la succession des aubains « appartient au roi ».

A côté de ces incapacités qui sont certes les plus importantes au point de vue du droit civil, il en était d'autres que nous nous contentons d'énumérer :

L'aubain était tenu de fournir la caution *judicatum solvi* quand il se portait demandeur devant un tribunal français ;

Il ne pouvait participer au bénéfice de la cession des biens ;

De plein droit il était soumis à la contrainte par corps pour toute espèce de dettes ;

Il ne pouvait faire la banque dans le royaume sans une caution de 150.000 livres reçue devant le juge du lieu et renouvelée tous les cinq ans ;

Il ne pouvait être reçu marchand apothicaire ou épicier s'il n'avait obtenu des lettres de naturalité ;

Enfin, il n'était pas admis au serment d'avocat, était incapable d'être principal ou régent dans les universités et n'obtenait des degrés qu'à la condition de n'en pas faire usage en France.

CHAPITRE II

PUISSANCE PATERNELLE. — TUTELLE — MARIAGE

I

PUISSANCE PATERNELLE

Les pouvoirs que la loi romaine conférait au père sur la personne de son enfant se trouvaient singulièrement restreints au seizième siècle; il n'était plus question du droit de tuer ou même de vendre ; les parents pouvaient seulement retenir l'enfant dans la maison paternelle, user à son égard d'un droit de correction et enfin empêcher son mariage jusqu'à ce qu'il eût atteint sa vingt-cinquième année.

Garde. — Ces divers droits, assez mal définis à cette époque, ont été, depuis, réglés avec plus de soin ; mais, comme ils subsistent encore aujourd'hui et qu'ils n'offrent, dans les coutumes, qu'un intérêt médiocre, nous nous occuperons plus spécialement du droit que nous appelons dans notre législation moderne « usufruit légal des père et mère sur les biens « de leurs enfants », et qu'on appelait alors : garde-noble, garde bourgeoise, bail.

Nous ne devrions même pas mentionner les expressions de « garde bourgeoise » puisque cette garde ne paraît pas avoir existé dans la Coutume de Vermandois ; mais il nous a semblé utile d'attirer précisément l'attention sur cette particularité et de faire remarquer que la garde-noble et le bail seuls y étaient pratiqués ; entre roturiers, nous ne trouvons pas autre chose que la tutelle, qui différait de la garde sous bien des rapports. Nous ne nous occuperons donc ici que de la garde-noble et du bail.

Garde-Noble. — La garde s'ouvrait par le décès du père ou de la mère laissant des enfants mineurs ; elle ne pouvait appartenir qu'au père ou à la mère noble, et jamais à l'aïeul ou aïeule comme cela avait lieu dans d'autres coutumes. « Garde ou bail sont synonymes, dit Pothier, et « signifient gouvernement, administration. » Pour la plupart des coutumes cette définition est exacte, mais, appliquée à la nôtre, nous ne craignons pas de dire qu'elle conduirait à une idée fausse : dans le Vermandois, on distinguait nettement la garde du bail et les effets de l'une ou de l'autre étaient très différents. Le père noble ou la mère noble survivant pouvait choisir entre la garde-noble et le bail.

« Au cas où ils prendront ladite garde, sont sujets de faire inventaire et « de rendre compte comme tuteurs. » Ainsi, le gardien n'acquiert rien en propriété ; il doit rendre plus tard les meubles dont il a fait inventaire après en avoir joui en bon père de famille ; il perçoit seulement les revenus des immeubles ; il peut même, si bon lui semble, ne prendre que la garde des héritages féodaux et, dans ce cas, un tuteur est nommé pour l'administration des héritages roturiers.

Bail. — Si le survivant des parents choisit le bail, ses droits sont plus étendus, par contre ses charges sont plus lourdes : les meubles du mineur lui appartiennent en toute propriété, avec les fruits de tous les héritages, rentes et revenus féodaux. Mais le baillistre doit accomplir le testament du défunt, payer les dettes du mineur, le nourrir et l'entretenir, acquitter toutes les charges dont sont tenus les héritages.

Malgré toutes ces obligations, on n'avait pas encore pris, au seizième siècle, l'habitude de considérer la garde comme une charge publique et elle était toujours facultative ; aussi celui qui consentait à prendre garde ou bail devait faire une acceptation expresse en justice devant le juge ordinaire du domicile du mineur ; il n'était besoin d'aucune convocation de parents.

Une fois la garde ou le bail accepté, on ne pouvait plus s'en défaire ; on devait acquitter les obligations jusqu'au jour où le mineur atteignait l'âge qui devait mettre fin à l'administration du gardien ou du baillistre. Cet âge, très variable suivant les coutumes, était ainsi fixé dans le Vermandois : dans le cas de garde-noble, vingt ans pour les mâles et quinze ans pour les filles ; dans le cas de bail, quatorze ans pour les mâles et douze ans pour les filles. Il y avait aussi une autre cause d'extinction tirée de la personne du gardien, c'était son convol en secondes noces ; les mineurs devaient en ce cas être pourvus de tuteurs et curateurs.

II

TUTELLE

« Garde-noble entre nobles est comme tutelle entre roturiers », dit la Coutume de Vermandois. Il ne faudrait pas induire de ces expressions que le mineur noble n'avait jamais de tuteur ; on doit entendre le principe en ce sens que les personnes soumises à la garde-noble n'avaient pas de tuteur général et permanent, mais on leur donnait, à côté du gardien, tantôt un tuteur temporaire dont la mission était, par exemple, de soutenir un procès et dont les fonctions prenaient fin avec la cause pour laquelle il avait été nommé, tantôt un tuteur spécial pour l'administration de certains biens : ainsi nous avons vu précédemment que le gardien pouvait, à son gré, prendre seulement la garde des héritages féodaux, et que, dans ce cas, on nommait au mineur noble un tuteur pour l'administration des héritages roturiers.

Quant aux mineurs roturiers, ils recevaient un tuteur permanent sans le concours duquel ils ne pouvaient faire aucun acte civil.

Dans le Vermandois, on ne connaissait ni la tutelle testamentaire ni la tutelle légitime. La tutelle était dative ; elle était déférée par le juge du domicile du mineur sur l'avis d'un conseil de famille composé de cinq membres au moins et de sept au plus. Les père et mère devaient être nommés tuteurs de leurs enfants à moins d'incapacité reconnue ; le père ne pouvait refuser la tutelle ; à l'exception de la mère et de l'aïeule, les femmes en étaient exclues.

Le tuteur veillait à l'éducation de l'enfant et administrait ses biens. Il devait, en principe, vendre les meubles ; il payait les dettes du mineur, poursuivait le recouvrement de ses créances et faisait l'emploi des deniers perçus ; il avait qualité pour donner les immeubles à bail, mais pour six années au plus s'il s'agissait de maison de ville et pour neuf ans au plus s'il s'agissait d'héritages ruraux.

Il acquiesçait aux demandes formées contre le mineur ou les rejetait, acceptait ou répudiait les successions, et tous ces actes, en principe, étaient valables ; pourtant le mineur, devenu majeur, pouvait obtenir des lettres de rescision et il était restituable contre les actes que le tuteur avait faits même dans la limite de sa capacité ; d'autre part, si le tuteur avait excédé les bornes de sa capacité, le mineur jouissait, à partir de sa majorité, d'un délai de trente ans pour attaquer l'acte.

Pour la garantie de ses droits, le mineur avait une hypothèque tacite sur tous les biens de son tuteur.

La tutelle prenait fin par la majorité du mineur, par son mariage, par son émancipation, par l'excuse légitime du tuteur, par sa destitution et par le convol en secondes noces de la mère tutrice.

III

MARIAGE

Les qualités et conditions requises pour contracter mariage étaient réglées, dans notre ancien droit, par le droit canonique, par l'ordonnance de 1639, par la jurisprudence des parlements et par le droit romain. Par conséquent, nous ne nous occuperons pas des empêchements dirimants ou prohibitifs, absolus ou relatifs ; nous ne parlerons pas non plus des formalités de la célébration, des bans, des oppositions, des causes de nullité, etc. Ces différentes questions présentent un grand intérêt, mais nous ne pourrions les aborder sans sortir de notre cadre, car elles étaient complètement étrangères aux coutumes, qui s'occupaient uniquement des effets produits par le mariage.

Incapacité de la femme. — La femme est sous la puissance du mari. C'est un principe qui a existé à toutes les époques et dans toutes les législations. Sur quel fondement s'appuie-t-il ? Question philosophique bien débattue et qui peut entraîner dans de longues et inutiles dissertations. L'intérêt de la femme a-t-il été pris en considération et le législateur a-t-il voulu la protéger contre sa faiblesse et son inexpérience ? Ou bien, comme le prétend Pothier, son incapacité n'est-elle fondée que « sur la puissance que le mari a sur la personne de sa « femme, qui ne permet à sa femme de rien faire que dépendamment de « lui ? »

Si nous avions en vue le Code civil, nous adopterions sans doute un système éclectique et nous dirions que l'incapacité de la femme a principalement pour base la puissance maritale, et accessoirement sa faiblesse et son inexpérience naturelle.

Mais ici, nous sommes au XVIe siècle et nous pensons qu'on se souciait alors bien peu de protéger la femme contre elle-même et dans son intérêt : la formule de Pothier était la vraie et nous la retrouvons exprimée d'une façon bien plus pittoresque dans un vieux coutumier de Champagne : « Femme mariée n'a vouloir ni valoir : le mari est le chef de la « femme ; la volonté est au chef, et une femme sans tête est un corps « sans âme et un cadavre sans aucun mouvement : aussi, depuis que la « femme a mari, elle est en voüerie et ne peut avoir avoüé par dessus son « mari. »

Autorisation maritale. — De ce principe il résultait que la femme mariée ne se pouvait obliger sans l'autorité de son mari, soit au préjudice de celui-ci, soit même à son propre préjudice ; il ne lui était pas permis de constituer hypothèque sur ses biens, et le consentement tacite résultant du concours du mari dans l'acte n'aurait pas été suffisant ; elle ne pouvait ester en justice, soit comme demanderesse, soit comme défenderesse, sans y avoir été autorisée. L'autorisation était une formalité à ce point constitutive de la valeur de l'acte que la nullité, pour défaut d'autorisation, pouvait être opposée en tout état de cause et à toute époque par le mari et par la femme ou par ses héritiers.

Remarquons pourtant que cette nullité n'était pas absolue en ce sens qu'elle ne pouvait être invoquée par ceux qui avaient contracté avec la femme. Il est probable aussi que l'acte passé par la femme non autorisée conservait le caractère d'obligation naturelle, et que la femme, par exemple, n'aurait pu répéter une somme d'argent payée volontairement en exécution d'une dette contractée sans autorisation.

Exceptions. — La femme qui contractait comme marchande publique et qui exerçait son commerce au vu et au su de son mari, s'obligeait même civilement sans autorisation. Il en était encore ainsi quand elle était séparée de biens soit judiciairement soit par contrat de mariage, quoi qu'elle ne pût, dans ces deux cas, ni aliéner ses immeubles ni les hypothéquer.

Formes de l'autorisation. — L'autorisation devait être expresse ; l'expression *autoriser* était sacramentelle ; Pothier dit cependant qu'on pouvait peut-être employer le mot *habiliter*. Elle devait en outre être spéciale.

Ces deux conditions remplies, trois cas se présentaient : elle était concomittante à l'acte, le précédait, ou le suivait. Dans la première hypothèse, aucune difficulté ; la valeur de l'acte datait du moment même où il était passé. Lorsque l'autorisation avait précédé, on devait, si ce n'est en annexer une expédition à l'acte lui-même, relater du moins dans celui-ci son existence. Enfin, quand elle intervenait postérieurement, certains auteurs pensaient que cette ratification rétroagissait au jour même de l'acte sans pouvoir cependant préjudicier aux tiers, et d'autres estimaient que cette autorisation, tardivement accordée, ne rendait l'acte valable que du jour où elle était donnée : ce dernier système était vraisemblablement suivi dans le Vermandois ; il est d'ailleurs conforme à l'opinion de Pothier.

Le mari était libre d'accorder ou de refuser son autorisation, mais, en cas de refus, la femme avait la faculté de s'adresser à la Justice. L'autorisation judiciaire pouvait encore remplacer l'autorisation maritale lorsque le mari était absent, incapable ou faible d'esprit.

DEUXIÈME PARTIE

DES BIENS

MEUBLES ET IMMEUBLES. — FIEFS. — CENSIVES FRANCS-ALLEUX

Après avoir essayé de montrer à grands traits quel était au milieu du XVIe siècle l'état de la société, la situation des personnes, et d'indiquer d'une façon brève et aussi nette que possible les différences que présentait, dans cet ordre d'idées, la Coutume de Vermandois avec les autres coutumes, il est nécessaire de faire, pour ainsi dire, fonctionner cette société, de la mettre en rapport avec les biens et de rechercher comment s'établissaient ses droits, comment ils se modifiaient, comment ils se transmettaient.

Mais auparavant, il convient d'étudier la nature même de ces biens et d'en déterminer le caractère. Nous verrons, et il ne pouvait pas en être autrement, qu'il y avait une aristocratie de choses comme une aristocratie de personnes : nous avons trouvé des personnes nobles, roturières, libres et serves; nous rencontrerons des biens nobles, roturiers, francs et sujets.

Si nous adoptons ces distinctions, c'est parce qu'elles sont imposées par le caractère de l'époque à laquelle nous nous sommes transporté et non parce qu'elles étaient conformes aux sentiments des populations. Le régime féodal s'était développé par la force et par la violence, mais qu'on ne vienne pas dire que les serfs aimaient leurs seigneurs, qu'ils leur étaient dévoués : rien ne pouvait faire aimer les abus de toute nature qui se commettaient alors, rien ne pouvait même les faire accepter. Les seigneurs maltraitaient leurs serfs, s'appropriaient leurs biens, puis ensuite combattaient entre eux et cherchaient à se dépouiller ; ils n'avaient pas même l'excuse du tyran qui, en opprimant ses sujets, apporte au moins quelque force et quelque grandeur à son pays. « On peut « remonter, dit M. Guizot (*Essai sur l'histoire de France*), le cours de « notre histoire et s'y arrêter où l'on voudra ; on trouvera partout le « régime féodal considéré par la masse de la population comme un « ennemi qu'il faut combattre et exterminer à tout prix. De tout temps, « quiconque lui a porté un coup a été populaire en France. On a vu les « gouvernements les plus divers, les systèmes les plus funestes, le des-« potisme, la théocratie ce régime des castes, acceptés, soutenus même « de leurs sujets par l'empire des traditions, des habitudes, des croyan-« ces. Depuis sa naissance jusqu'à sa mort, aux jours de son éclat comme « de sa décadence, le régime féodal n'a jamais été accepté par les peu-« ples. Je défie qu'on me montre une époque où il paraisse enraciné dans « leurs préjugés et protégé par leurs sentiments. »

CHAPITRE PREMIER

MEUBLES ET IMMEUBLES

Notre Coutume consacre un titre spécial à la distinction des biens meubles et immeubles.

Meubles. — D'une façon générale, est meuble tout ce qui se peut transporter d'un lieu dans un autre. Etaient aussi considérés comme meubles les cuves et autres gros ustensiles qui toutefois pouvaient se désassembler et être transportés sans grande détérioration ; cette qualité était encore attribuée aux fruits coupés ou recueillis, qu'ils fussent ou non mis en grange, aux poissons conservés dans des huches ou autres lieux fermés ; enfin les deniers provenant de rentes rachetées étaient réputés meubles.

Immeubles. — La qualité d'immeubles n'appartenait véritablement qu'au sol et aux bâtiments élevés sur le sol, mais les immeubles par fiction étaient fort nombreux. C'était, par exemple, « tout ce qui tient à fer

« et à clou et ne se peut transporter du lieu où il est assis sans fraction. » Les fruits pendants par racines et les poissons en viviers et étangs étaient immeubles ; pourtant, par une singularité remarquable, le poisson devenait meuble après le temps de la pêche écoulé, et il en était de même pour le bois-taillis une fois l'époque de sa coupe ordinaire passée, encore qu'il n'eût été coupé.

Dans la catégorie des immeubles étaient aussi compris les pressoirs et tordoirs, les canons et autres armes destinées à la défense d'un château. A première vue il peut sembler bizarre que l'on ait cru devoir considérer l'artillerie comme une chose immobilière ; nous sommes tellement habitués aujourd'hui à voir les pièces rouler avec facilité sur leurs affûts que nous comprenons difficilement cette classification. Mais au XVIe siècle l'artillerie de campagne était à peine en usage ; les canons placés aux créneaux des forts et les mousquets aux meurtrières constituaient des moyens de défense qui faisaient pour ainsi dire corps avec les fortifications ; de plus les armes à feu étaient encore rares et le prix qu'on y attachait les avait fait ranger parmi les choses les plus précieuses. « Ce n'est « point sans raison que artillerie et canons sont réputés immeubles, « puisqu'il faut un monde d'attirail et la volonté du roi pour les faire « marcher. Ainsi qu'entre les anciens une horloge à cause de la rareté « de l'ouvrage, comme aussi les meubles précieux sont réputés immeu- « bles, même les ornements d'une chapelle, comme croix, calices, mis- « sels et autres ornements dédiés au service divin. » (*Vide Pithœum ad cons. Trec. art. II.*)

Enfin les rentes constituées à prix d'argent sont immeubles. Remarquons en passant que dans la Coutume locale de Reims les rentes constituées en faveur de ceux qui y étaient domiciliés étaient réputées meubles.

CHAPITRE II

DES FIEFS

I

DÉFINITION ET ORIGINE DES FIEFS

Dumoulin définit le fief en des termes que Pothier traduit ainsi : « La « concession gratuite que quelqu'un fait à perpétuité, à un autre, d'une « chose immeuble ou réputée immeuble, à la charge de lui en faire la « foi et hommage, et du service militaire et sous la réserve qu'il fait de « la seigneurie directe. » (Des fiefs, part. Ier § 3.)

Cette définition donne une idée assez exacte de ce qu'était un fief, en ce sens qu'elle en détermine les caractères généraux qui sont 1o d'être une concession ; 2o une concession faite à charge de services et de foi ; 3o une concession entraînant la division de la propriété en domaine direct et domaine utile. Mais il ne faudrait pas l'accepter comme rigoureusement exacte. En effet, les fiefs furent à l'origine viagers, comme les bénéfices, et, si plus tard la concession devint perpétuelle, rien n'indique que ce fut un élément essentiel du contrat. D'autre part, peut-on considérer comme gratuit un contrat qui entraînait à des services personnels quelquefois fort durs et aux lourdes charges pécuniaires que nous allons passer en revue ?

Origine des fiefs. — On a voulu attribuer l'origine des fiefs aux Lombards ; mais cette institution peut aussi bien être reportée aux Francs qui, après avoir envahi la Gaule, distribuaient à leurs soldats les terres conquises sur l'ennemi, ou aux anciens Romains qui assignaient les terres de conquêtes au patrimoine du prince ou aux capitaines et soldats. Le principe se retrouve chez les uns et chez les autres, mais on peut dire qu'il fut fixé par les bandes Germaines qui conquirent la Gaule et qu'il passa alors à l'état d'organisation. Des guerriers se réunissaient autour d'un chef auquel ils s'attachaient par la foi du serment, promettant de le suivre et de combattre pour lui ; ce chef était leur seigneur, *senior*. De leur côté les *seniores* devaient non-seulement protéger leurs vassaux, mais aussi leur donner des moyens d'existence ; ils leur constituèrent alors une solde, un *feudum*.

Au début, ce *feudum* était indifféremment mobilier, immobilier, temporaire, viager, héréditaire, révocable, perpétuel, etc. ; de même les services promis par les vassaux étaient divers suivant la position et la capacité de ceux qui s'engageaient à les fournir. Mais peu à peu ces conventions se modifièrent ou plutôt se réduisirent aux concessions territoriales, et le *senior*, au lieu de réclamer des services personnels, chercha à retirer des profits utiles de ses concessions. Le fief cessa alors d'être envisagé comme solde et il devint un contrat.

II

FOI ET HOMMAGE

Le premier devoir pour le vassal, c'est-à-dire pour celui qui tenait un fief, était de rendre à son seigneur foi et hommage ; l'homme, à vingt ans, et la fille, à quinze ans, étaient, pour l'accomplissement de ce devoir, réputés majeurs.

D'une façon générale, c'était une promesse solennelle que le vassal faisait au seigneur de lui être fidèle et de le servir en guerre contre tous ses ennemis. Mais si l'on veut analyser la formule, on découvre que les deux mots qui la composent, presque synonymes au premier abord, exprimaient des choses bien différentes : la foi, c'était le serment de fidélité, la marque du rapport personnel qui devait désormais exister entre le vassal et le suzerain, c'était tout à la fois la manifestation par laquelle un homme s'avouait le subordonné d'un autre et pouvait se dire son protégé. L'hommage était la reconnaissance de la concession territoriale faite par le seigneur à son vassal, le signe du rapport réel par lequel se trouvaient liés le fief dominant et le fief servant.

Formes. — La foi et hommage se devaient faire en personne parce que « le serment de fidélité est très-personnel et qu'un tiers ne peut bien

» jurer en l'âme d'autrui. Ainsi, Edouard III fit foi et hommage en per» sonne pour le duché de la Guyenne au roi Philippe de Valois, et se mit » à genoux, posant bas la couronne, l'épée et les éperons. » (Froissart, *in vitâ Philippi Valesii.*)

Le vassal devait se présenter au principal manoir du fief, nu-tête, sans épée ni éperons ; il mettait un genou en terre et plaçait ses mains dans celles de son seigneur ; celui-ci donnait ensuite un baiser sur la bouche (*osculum*) à son vassal qui, pour terminer la cérémonie, prononçait sur l'évangile un serment de fidélité.

En principe, la possession d'un fief ne pouvait être acquise que lorsque le vassal, donataire ou successible, avait été reçu en foi et hommage ; et lorsque les enfants auxquels advenait un fief étaient mineurs, leur tuteur allait demander au seigneur féodal « souffrance », c'est-à-dire délai, jusqu'à ce que l'un d'eux fût en âge de rendre ce devoir. Cette souffrance, à laquelle le seigneur ne pouvait se refuser, remplaçait la foi et en tenait lieu pendant la minorité du vassal.

Cet acte de respect et de soumission devait être accompli dans les quarante jours et ne pouvait en aucun cas se prescrire. Si le seigneur était absent, le vassal faisait des offres à ses procureurs présents ; à défaut de procureurs, il appelait par trois fois le seigneur devant la porte principale, à haute et intelligible voix, puis portait ses offres devant un notaire royal du lieu; copie était laissée à la porte du manoir ou principal édifice et, s'il n'existait aucun manoir, à la porte de l'église paroissiale dont ressortissait ce fief. Si le seigneur, quoique présent, refusait de recevoir son vassal, celui-ci devait s'adresser au juge royal dans le ressort duquel le fief était situé.

Le seigneur qui devenait propriétaire d'un nouveau fief, de quelque manière que ce fût, d'un duché, d'un comté, d'une baronnie ou de toute autre seigneurie, pouvait contraindre ses vassaux à lui rendre la « foi et hommage » quand bien même ils eussent déjà accompli ce devoir envers le précédent propriétaire du fief. Dans ce cas, le seigneur devait faire faire un commandement particulier à chaque vassal ; il ne pouvait se contenter d'assigner tous ses vassaux ensemble et d'une façon générale. Le délai accordé était de quarante jours à dater du commandement ; le vassal était obligé de comparaître en personne au principal établissement du fief dominant à moins d'excuse légitime. Mais lorsque le seigneur était absent et qu'il se faisait représenter par un procureur, le vassal de son côté n'était pas tenu de faire hommage en personne ; il pouvait également agir par procureur en donnant à celui-ci un pouvoir spécial.

III

DROITS ET PROFITS SEIGNEURIAUX

Nous nous occuperons dans une autre partie des successions aux fiefs et des partages ; nous devons néanmoins examiner ici les différents droits qui appartenaient au seigneur lorsque des fiefs changeaient de possesseurs à la suite de décès ou par autre cause.

Chambellage. — C'était un principe général que, pour le fief échu par succession en ligne directe, le vassal ne devait à son seigneur féodal aucun droit de relief, mais la bouche et les mains seulement. Notre Coutume imposait en outre le droit de chambellage qui consistait en une pièce d'or à la volonté du vassal. Rappelons en passant que le chambellage était primitivement un droit que le vassal payait au valet de chambre qui l'introduisait chez le seigneur pour faire la « foi et hommage » ; ce droit par la suite fut mis au nombre de ceux dont le seigneur profitait.

De même, lorsqu'après le décès d'un de leurs auteurs, des enfants, frères ou sœurs, procédaient au partage d'un fief dont ils héritaient, il n'était dû au seigneur féodal aucun relief ou profit, mais seulement les mains, la bouche et le droit de chambellage comme dans le cas précédent, à condition toutefois que ce partage se fît sans soulte.

Relief. — Au contraire, pour fief échu en ligne collatérale, il était dû au seigneur un droit de relief. Ce droit était ainsi appelé parce que, par la mort du vassal, le fief était censé tomber et par suite faire retour au fief dominant; le seigneur consentait alors à relever le fief moyennant un profit qui consistait en prestations dont la nature variait suivant les différentes coutumes.

Dans le Vermandois, le vassal devait, dans les quarante jours qui suivaient la mort de celui dont il se portait héritier, aller trouver son seigneur féodal et lui offrir l'une des deux choses suivantes : une somme de deniers une fois payée, ou le revenu d'une année calculé sur le revenu moyen des trois dernières années. Dans la première hypothèse, l'offre étant faite par le vassal pouvait n'être pas acceptée : le différend était alors tranché par deux ou trois pairs ou vassaux acceptés comme arbitres par les deux parties. Dans la deuxième hypothèse, la jouissance ne devait comprendre qu'une seule récolte et lorsqu'il s'agissait de fruits que l'on ne perçoit qu'après une période de plusieurs années, comme des bois taillis, il en était dû au seigneur une portion calculée suivant le revenu présumé d'une année.

La fille, à qui un fief était échu en ligne directe et qui se mariait, ne devait, à raison de son mariage, aucun droit de relief ; le mari se trouvait seulement dans l'obligation d'aller vers son seigneur et de lui faire serment de fidélité. Mais la femme qui se remariait une ou plusieurs fois devait un droit de relief pour chacun de ses nouveaux mariages. La veuve qui relevait son fief après le décès de son mari ne devait aucun droit de relief.

La donation faite par avancement d'hoirie ou en faveur du mariage par un ascendant n'entraînait à aucune charge, même si cette donation excédait la portion qui devait revenir *ab intestat* au donataire. Cependant, si quelque fraude apparaissait, le donateur était tenu de payer double quint comme peine de cette fraude.

Quint et Requint. — Ceci nous amène à parler d'un autre profit seigneurial qui s'appelait quint et qui consistait, lorsqu'un fief était aliéné à prix d'argent, en la cinquième partie du prix d'aliénation que le vendeur avait à payer au seigneur féodal ; l'acheteur de son côté devait le droit de chambellage.

Il pouvait arriver que le vendeur aliénât son fief « francs deniers », c'est-à-dire qu'il entendît toucher intégralement le prix convenu. Un tel contrat était parfaitement licite, mais le profit seigneurial n'en était pas pour cela diminué, au contraire, car les frais retombaient sur l'acheteur qui supportait alors les droits de quint et de requint, c'est-à-dire la cinquième partie de la somme en principal et en outre la cinquième partie du quint, soit au total vingt-quatre pour cent.

Dans tous les contrats où il n'était pas déboursé d'argent, comme dans une donation ou dans un partage sans soulte, il n'était dû ni quint ni requint, mais seulement le droit de relief ; quand au contraire l'échange était accompagné de soulte, il était dû droit de relief pour le contrat principal et quint pour la soulte.

Remarquons que, non seulement pour les donations faites en avancement d'hoirie comme nous l'avons vu plus haut, mais aussi pour tous échanges, ventes ou donations, la fraude entraînait une peine de double quint.

Aveu et Dénombrement. — Chaque fois qu'il s'opérait une mutation de fief et par suite un changement de vassal, le seigneur pouvait exiger un aveu et dénombrement, autrement dit un inventaire détaillé et sous forme authentique de l'étendue territoriale du fief et des droits et obligations qui en étaient la conséquence. Ce dénombrement devait être établi dans les quarante jours qui suivaient la réception en foi et hommage, et quarante jours après l'envoi du dénombrement le vassal devait aller trouver le seigneur et lui demander s'il l'avait pour agréable ou bien s'il le voulait débattre. Dans le cas où quelque contestation était soulevée, le fief était temporairement saisi et administré par des commissaires jusqu'au réglement du litige.

Saisie féodale. — L'omission du dénombrement entraînait la saisie féodale. Cette saisie ne se pratiquait qu'en vertu d'une ordonnance du juge ; elle n'avait pour effet, ni de rendre au seigneur l'administration du fief, ni de lui en attribuer les fruits et les revenus ; mais elle ne constituait qu'un empêchement de jouissance, qu'un temps d'arrêt pendant lequel les commissaires choisis par le juge capitalisaient les fruits pour rendre compte plus tard au vassal.

Au contraire la saisie faite pour défaut de paiement des droits de relief, de quint, pour manquement au devoir de foi et hommage dans le délai de quarante jours, avait, pour le vassal, des conséquences bien plus graves ; car le seigneur faisait alors les fruits siens jusqu'à ce que la cause de la saisie eût cessé ; il exploitait par lui-même ou par un tiers tout en restant tenu, dit notre Coutume « de jouir comme bon père de « famille sans couper les bois de haute futaie ni bois taillis, ni pêcher

« étang, sinon à leur saison et temps convenable : doit repeupler les « viviers et s'y conduire sans rien dégâter ni endommager ledit vassal. »

Commise. — Les effets de la commise étaient encore plus désastreux que ceux de la saisie. Tandis que celle-ci ne constituait qu'une interruption dans la jouissance, celle-là était une véritable révocation des droits concédés. Le fief faisait retour au seigneur qui le reprenait tel qu'il se comportait au moment où s'étaient produites les causes qui avaient provoqué la commise. Ces causes pouvaient être le désaveu ou la félonie.

Le désaveu était toute déclaration, faite en public ou autrement, par laquelle le vassal prétendait tenir le fief d'un autre que de son seigneur ou le posséder en franc-alleu.

La félonie était toute injure grave faite par le vassal à son seigneur. Réciproquement le seigneur qui se rendait coupable de félonie envers son vassal perdait ses droits de fief qui faisaient retour au seigneur suzerain.

IV

DROITS DU VASSAL

Ils sont, hélas ! bien faibles et bien peu nombreux, comparés à tous ceux que nous venons d'examiner brièvement et qui constituent les droits du seigneur.

Le vassal pouvait aliéner l'usufruit de son fief pour une période de neuf années, sans devenir, à l'occasion de ce contrat, redevable d'aucune charge. Mais lorsque, par vente, donation ou autrement, il consentait l'aliénation de cet usufruit pour un temps plus long, il lui fallait alors acquitter ces droits énormes de relief ou de quint suivant la nature du contrat.

Il pouvait à la vérité vendre ou donner la toute propriété de son fief ; mais était-ce bien une vente, une donation, que ce contrat pour lequel il était obligé de faire à son seigneur des déclarations et des notifications et par lequel il offrait à celui-ci un nouveau vassal qui allait être tenu des mêmes devoirs, des mêmes corvées, des mêmes charges onéreuses et humiliantes ? N'était-ce pas plutôt la substitution d'un serf à un autre ? Substitution même avantageuse pour le maître, car elle lui procurait des droits de foi et hommage, de quint, de relief, etc., auxquels le nouveau propriétaire ne pouvait se soustraire, puisque, si le vendeur ou donateur s'était dessaisi de son fief sans en avoir fait la déclaration au seigneur, ce dernier avait le droit de saisir le fief entre les mains du nouveau possesseur et que l'ancien était toujours tenu et réputé homme du seigneur. Le faible n'échappait jamais à son tribut ; le fort ne lâchait jamais sa proie.

Retrait féodal. — Nous avions cru avoir épuisé la série des prérogatives que le seigneur conservait sur les fiefs ; mais nous n'avons pas plutôt entrevu les quelques pouvoirs laissés au vassal, qu'il faut revenir au maître pour constater encore un droit exorbitant en vertu duquel tout seigneur ou tout cessionnaire du seigneur était libre de retenir le fief vendu par le vassal, en remboursant à l'acquéreur son prix d'achat dans les quarante jours de la notification de la vente. Cependant le lignager était préféré en retrait au seigneur féodal, et si le fief avait été vendu au lignager, le seigneur ne pouvait le retenir par puissance de fief.

Un seigneur l'emportait pourtant même sur le lignager, c'était le roi quand il exerçait le retrait pour quelque raison d'Etat et pour le bien public. C'est dans cette prérogative royale qu'il faut chercher l'origine du droit d'expropriation.

CHAPITRE III

CENSIVES ET FRANCS-ALLEUX

I

CENSIVES

Les censives formaient au point de vue politique une catégorie d'immeubles inférieure à celle des fiefs. Elles pouvaient bien, suivant les localités, prendre des noms différents et constituer des droits divers, mais elles avaient toutes cela de commun, qu'elles n'étaient, entre les mains des possesseurs, que des terres roturières, c'est-à-dire ayant pour objet la culture et le produit.

Nous avons essayé de montrer précédemment que celui qui tenait un fief était obligé de deux façons envers son seigneur, qu'il existait entre eux des rapports personnels et des rapports réels. Le censitaire au contraire n'était lié au seigneur que par suite de la possession de l'immeuble, *propter rem*. Aussi il n'est plus question de services de guerre ni de serment de fidélité ; il n'y a plus qu'un contrat, appelé bail à cens, par lequel le propriétaire d'un héritage ou d'un autre droit immobilier le cédait sous la réserve de la seigneurie directe et d'une redevance annuelle en argent ou en fruits.

La redevance s'appelait cens ;

L'héritage qui en était chargé se nommait héritage censuel ;

Le propriétaire de l'héritage était le seigneur censier ;

Le possesseur de cet héritage, le censitaire ;

Et on appelait censive le droit de seigneurie retenu par le bailleur à cens.

Ainsi, ce qui était aliéné, c'était tout ou partie du domaine utile et cette aliénation créait un rapport de mouvance dont la conséquence était le cens et dont la quotité était réglée par l'usage ou par la convention.

Cens. — Les prestations auxquelles donnait lieu ce contrat étaient de deux sortes : périodiques, intermittentes. — Les premières consistaient en une somme d'argent ou en une certaine quantité des produits qui devaient être versés entre les mains du seigneur à des époques fixées par le contrat. A défaut de paiement au jour indiqué, il était dû au seigneur foncier et direct une amende de quatre sols parisis indépendamment des frais de saisie. Le censier pouvait en outre, pour le recouvrement de sa créance, procéder par voie d'arrêt ou brandon sur les fruits pendants en l'héritage, mais cette saisie n'était valable que pour la dernière année.

Notons ici que la Coutume de Vermandois présente une particularité remarquable en ne validant la saisie que pour une année seulement, tandis que la plupart des coutumes l'admettaient pour trente années d'arrérages.

Les prestations que nous avons appelées « intermittentes », étaient celles qui étaient dues pour ventes ou échanges d'héritages censuels. — L'acheteur d'un héritage roturier devait au seigneur foncier un droit de vente qui consistait d'une façon générale dans la douzième partie du prix, mais qui pouvait être modifié, augmenté ou diminué, par des conventions particulières faites entre les seigneurs et leurs sujets.

Ce droit de vente était dû à partir du jour où le contrat avait été passé. Les parties contractantes avaient toutefois la faculté, dans la huitaine de l'acte, de reprendre leur consentement et n'étaient alors tenues d'aucune prestation.

En ce qui touche l'échange, le droit n'était pas la conséquence du contrat lui-même ; il n'était dû que dans le cas où l'échange donnait lieu à une soulte et ne se calculait que sur le montant de cette soulte.

Le seigneur devait, pour obtenir le paiement de cette créance, procéder par action, sans pouvoir recourir à la saisie. Pourtant, si l'héritage venait à changer de mains avant qu'il se fût écoulé depuis la première vente un an et un jour, l'immeuble répondait de la dette et le détenteur pouvait être poursuivi sauf son recours contre le véritable débiteur.

Il est inutile d'insister sur l'analogie de ces prestations et de certains profits seigneuriaux que nous avons étudiés plus haut ; on aperçoit trop facilement qu'elles étaient pour les rotures ce que le quint et le requint étaient pour les fiefs.

II

FRANC-ALLEU

Les alleux formaient la classe des immeubles qui ne faisaient à aucun titre partie de la hiérarchie féodale. Sans entrer dans des détails que ne comporte pas cette partie de notre travail, sans nous arrêter aux diverses étymologies que l'on a voulu attribuer au mot « alleu », nous dirons seulement que cette expression désignait la propriété pleine par opposition aux autres propriétés non transmissibles ou transmissibles sous la condition de certaines redevances. Et si nous sommes aussi bref sur ce point, c'est parce que nous n'avons à examiner ni les alleux d'origine, ni les alleux de concession, ni les alleux de prescription ; c'est parce que, dans la Coutume de Vermandois, le système « nulle terre sans seigneur » formait le droit commun et que le franc-alleu n'existait pas sans un titre qui contînt une ancienne preuve écrite de l'exemption de la censive.

III

VEST ET DEVEST

Nous avons vu que la propriété foncière, qu'elle s'appelât fief, censive ou franc-alleu, était transmissible par vente, échange ou donation ; nous avons vu aussi comment le nouveau possesseur n'était reconnu par le seigneur qu'après l'accomplissement de certains devoirs ou le paiement de nombreux droits. Pour n'être pas troublé dans sa possession par les tiers, l'acquéreur devait en outre obtenir publiquement la tradition réelle ou fictive de son héritage. — Le vendeur, ou, en son lieu et place, un procureur ayant reçu des pouvoirs suffisants et authentiques, se dévêtait par-devant le juge foncier dans le ressort duquel était situé l'héritage aliéné. Quand la tradition était fictive elle se faisait par la remise à l'acheteur d'un petit bâton.

L'acheteur qui n'était pas vêtu de l'héritage acquis pouvait agir au possessoire seulement et non au pétitoire ; ces dernières actions ne lui étaient ouvertes que s'il avait joui paisiblement pendant dix années entières, car il devenait alors véritable propriétaire par l'acquisition et par cette jouissance prolongée qui tenait lieu de tradition et de vêture.

Lorsqu'il s'agissait d'un franc-alleu, la saisine s'en acquérait sans qu'il fût besoin de vest ni de devest : il suffisait d'une appréhension, d'une possession réelle. Remarquons cependant qu'il n'en était pas ainsi dans toutes les coutumes et que dans celle de Reims, par exemple, la vêture était nécessaire pour les francs-alleux.

TROISIÈME PARTIE

DES DIVERS MODES DE TRANSMISSION DE LA PROPRIÉTÉ

CHAPITRE PREMIER

DES SUCCESSIONS

Saisine. — « Le mort saisit le vif son hoir plus proche habile à succéder ». Tel est le grand principe du droit coutumier dans lequel on trouve, en l'analysant, les propositions suivantes :

1°. — Il faut être habile à succéder ; c'est-à-dire être né ou conçu, se trouver en rang de parenté utile et déterminée par la coutume et posséder la capacité civile de recueillir une succession : nous avons vu, en étudiant la condition des personnes, qu'à certaines d'entre elles, aux aubains, aux serfs, aux bâtards, cette capacité était refusée en tout ou en partie.

2°. — Celui qui est habile à succéder au défunt se trouve saisi par le fait seul du décès ; il devient immédiatement, sans appréhension de fait, sans acte judiciaire, propriétaire des biens qui lui seront attribués après le règlement de la succession.

3°. — L'héritier ainsi saisi, possédant dès lors dans son patrimoine des droits aux biens de la succession, transmet lui-même ces droits à ses héritiers ou autres successeurs s'il vient à mourir avant de les avoir recueillis.

Acceptation. — Cette qualité d'héritier, tout en se produisant sans le fait et sans la connaissance de celui qui était habile à succéder, ne pouvait subsister sans sa volonté et se trouvait subordonnée à son acceptation ; c'est l'explication de cette seconde règle : « Nul n'est héritier qui ne veut. »

Cette acceptation était expresse ou tacite. Expresse, elle se faisait par une déclaration dans un acte judiciaire ; tacite, elle résultait d'actes qui ne pouvaient être faits qu'en qualité d'héritier, par exemple de la vente ou de la donation de biens compris dans la succession.

Le successible était libre de renoncer, mais la jurisprudence admit de bonne heure qu'il ne pouvait renoncer en fraude de ses créanciers et que ceux-ci étaient libres d'accepter en son nom, mais à leurs risques et périls.

Nous examinerons les successions déférées aux descendants, aux ascendants, aux collatéraux.

I

SUCCESSIONS DÉFÉRÉES AUX DESCENDANTS

Les descendants excluaient tous les autres parents, ascendants ou collatéraux, mais la succession ne se réglait pas de même suivant qu'il s'agissait de biens nobles ou de biens roturiers. Comme au XVIe siècle la théorie des successions roturières formait le droit commun, nous l'étudierons en premier lieu.

1° Successions roturières. — Les enfants, fils ou filles, succédaient également à leurs père et mère en tous leurs biens meubles, immeubles roturiers et censuels, acquêts ou propres. Dans toutes les coutumes en général et particulièrement dans celle de Vermandois il était interdit aux parents d'avantager leurs enfants soit par testament, soit par dispositions entre vifs. La coutume particulière de Laon dérogeait à ce principe et autorisait des avantages en faveur d'un ou de plusieurs enfants.

Représentation. — Les petits-enfants participaient à la succession de leurs grands parents par représentation de leurs père et mère décédés. En ligne directe cette représentation avait lieu à l'infini et le partage des biens se faisait par souches et non par têtes.

La théorie de la représentation qui existait seulement en ligne directe dans l'ancien droit romain n'avait pas toujours été acceptée en France. Les anciens usages ne l'admettaient ni en ligne directe ni en ligne collatérale, et cette prohibition fut même observée entre les enfants de Charlemagne (V. Pasquier en ses *Recherches*, liv. 4, c. 18.)

A quelle époque fut-elle introduite dans les pays de droit coutumier ? A quels territoires s'appliqua-t-elle d'abord ? Il serait difficile de répondre à ces questions d'une façon précise ; mais on peut au moins rejeter l'opinion de certains auteurs qui prétendent qu'elle ne fit son apparition en France dans les pays de coutumes qu'au XVIe siècle, car nous avons un édit de Childebert II (595) qui la consacre en ligne directe ; d'autre part un arrêt de l'Echiquier de 1236 et des arrêts de 1224 et de 1235 attestent qu'elle pénétra en Normandie au XIIIe siècle. Elle paraît avoir disparu, au moins de droit, au XIVe siècle, et il semble qu'à cette époque elle devait, pour s'exercer, avoir été stipulée expressément dans le contrat de mariage en faveur des enfants à naître. Toujours est-il qu'au XVIe siècle elle reparut de nouveau ; un édit de Henri II, rendu en 1556, en fit une loi générale.

En ligne collatérale la représentation avait lieu jusqu'aux enfants des frères et sœurs inclusivement, « *suivant la raison écrite* ». Cette représentation, pour les enfants des frères et sœurs, fut introduite par le droit nouveau de Justinien (Novelle 118, ch. III) ; c'est ce que le texte de la Coutume appelle « la raison écrite ».

Les enfants de plusieurs frères et sœurs venaient à la succession de leur oncle ou tante par représentation de leur père ou mère, avec leurs autres oncles et tantes, par souches et non par têtes, mais si ces autres oncles et tantes étaient prédécédés, tous les enfants arrivaient à la succession de leur chef et succédaient par têtes.

2° Succession aux biens nobles. — Le principe de l'égalité n'est plus observé ; il y est dérogé parce que la féodalité jalouse de sa force, de sa richesse, de son autorité, jalouse aussi de ses prérogatives barbares, ne pouvait consentir à amoindrir ses biens en les divisant uniformément entre plusieurs enfants, à affaiblir sa puissance en la partageant entre plusieurs successibles. Toujours dominer et, pour arriver à ce but, tout réunir, tout concentrer, c'était là son premier souci et la cause même de son existence.

Devant conserver la force, on comprend aisément que les femmes vont être sacrifiées ; devant réunir et amasser, on conçoit que l'un des fils va être privilégié, et l'on voit ainsi apparaître les droits d'aînesse et de masculinité.

Ces principes, communs à toutes les coutumes, comportaient dans leur application certaines différences que notre but n'est pas de faire ressortir; nous ne nous attacherons, comme toujours, qu'aux conséquences qu'ils produisaient dans la Coutume de Vermandois.

Droit d'aînesse. — Remarquons avant tout que le sexe l'emportait sur l'âge et que le mâle, même moins âgé, était toujours considéré comme l'aîné.

Lorsqu'une personne, possesseur de fiefs, mourait laissant plusieurs enfants, au fils aîné appartenait par préciput, pour son droit d'aînesse, le chef-lieu, c'est-à-dire le principal manoir, le château, la basse-cour, le pourpris et enclos tant en édifices que jardins et fossés. S'il n'y avait qu'un seul manoir ou château, il était en totalité dévolu au fils aîné.

Si, d'autre part, pour l'ornement et l'embellissement du manoir, il y avait parc, verger ou garenne entourés de murailles ou de fossés, l'aîné pouvait les conserver si bon lui semblait, mais il devait alors récompenser ses frères et sœurs sur les autres terres du fief quand il en existait, sinon sur les autres biens de la succession.

L'aîné prenait en outre la moitié de tous les fiefs situés dans la prévôté s'il concourait avec un autre fils; mais, dans le cas où le partage devait se faire entre un fils et une fille, le fils prenait, avec son préciput, les deux tiers de tous les fiefs : la fille ne recevait qu'un tiers. Enfin, si plusieurs fils et filles étaient appelés à la succession, l'aîné prenait son préciput et la moitié de tous les fiefs; le reste se partageait entre les puînés, mais de manière toutefois que la part d'un seul puîné fût égale à celle de deux filles.

Entre filles, le droit d'aînesse n'existait pas : elles succédaient également.

Le fils de l'aîné avait le droit d'aînesse contre ses oncles. La fille de l'aîné qui avait un ou plusieurs oncles ne représentait pas son père au droit d'aînesse : le droit d'aînesse appartenait donc à son oncle s'il était seul, au plus âgé de ses oncles s'ils étaient plusieurs. Si cette fille n'avait que des tantes ou des cousines représentant ses oncles et tantes, elle prenait droit d'aînesse dans la succession qui se partageait comme entre aîné et puînés suivant les règles indiquées.

Il reste à noter que le droit d'aînesse était un privilège essentiel, inhérent à la qualité d'aîné : il n'était pas dévolutif, c'est-à-dire ne passait pas à un fils puîné lorsque l'aîné venait à renoncer.

Mariage avenant. — L'exercice du droit d'aînesse avait toujours pour résultat de réduire les puînés et les filles à un état de fortune inférieur à leur naissance et le plus souvent de les placer dans une situation précaire. La plupart des coutumes obligeaient alors l'aîné, qui, par son droit, avait absorbé une trop grande partie de la succession, à subvenir aux besoins de ses frères et à l'établissement de ses sœurs en les dotant. — Bien que la Coutume de Vermandois ne s'explique pas d'une manière formelle sur ce point, nous estimons, d'après l'esprit général de sa rédaction, qu'elle suivait la Coutume de Normandie (art. 249) et qu'elle avait adopté cette sorte de légitime qui s'appelait, pour les filles, mariage avenant.

II

SUCCESSIONS DÉFÉRÉES AUX ASCENDANTS

Un poète a dit :

Nature nous force à pleurer
Lorsque nous voyons enterrer
Quelque fille belle gentille
Et sur le point d'être nubile
Ou quand un fils nous est ôté
Bien qu'il ne soit qu'emmailloté.

Il faut croire que la poésie et l'affection paternelle ne sont pas toujours d'accord, car si celle-là ne trouve des pleurs que pour une fille belle et gentille tandis qu'elle en verse sur un fils même en maillot, celle-ci ne sait pas faire de distinction et sa douleur est égale, en notre siècle au moins, quand la mort lui ravit fils ou fille.

A la perte d'un enfant est-il quelque compensation ? les Romains l'avaient pensé puisqu'ils appelaient les parents à la succession de leurs enfants en donnant cette raison : « *Ne filiæ amissæ et pecuniæ damnum sentiret* ». — Nos usages, nos mœurs et nos lois modernes ont consacré le principe ; pour l'honneur de l'humanité nous affirmons que les Romains se sont trompés sur la cause.

A défaut d'enfants les ascendants succèdent dit notre Coutume.

Propres et acquêts. — Mais la succession dévolue aux ascendants se règle différemment suivant que les biens qui la composent consistent en propres ou en acquêts.

Toutes les coutumes étaient d'accord pour reconnaître que la succession aux propres devait être dévolue d'après la règle « *paterna paternis, materna maternis* », mais elles différaient lorsqu'il s'agissait de mettre le principe à exécution et nous allons rechercher comment celle de Vermandois en pratiquait l'application.

Il est donc nécessaire de déterminer nettement les biens qu'elle faisait propres et ceux qu'elle disait acquêts. Il faut encore distinguer suivant que les propres sont naissants naturels ou naissants conventionnels.

Un héritage donné par le père, la mère ou un autre ascendant en en avancement d'hoirie ou en faveur du mariage était un propre naissant naturel du côté et ligne du donataire ; donné à d'autres personnes et en dehors de ces conditions, il était réputé acquêt.

Si le père ou la mère, en mariant son enfant ou par avancement d'hoirie, se démettait en sa faveur, non plus d'un héritage déterminé, mais de deniers destinés à être employés à l'acquisition d'un héritage quelconque meuble ou immeuble, cet héritage provenant de l'acquisition était encore un propre, mais il était réputé naissant conventionnel et non naturel de l'enfant.

Cette distinction est de la plus grande importance puisque les père ou mère, chacun en ce qu'il avait donné, succédait au naissant conventionnel de l'enfant décédé sans postérité à l'exclusion de ses frères, sœurs ou autres proches collatéraux, tandis que les héritages de naissant naturel ne remontaient aux ascendants que dans le cas où il n'y avait du côté et ligne dont ils provenaient aucun autre parent.

Si une ligne se trouvait éteinte, les propres passaient à l'autre et n'étaient dévolus, comme vacants, au haut justicier qu'à défaut de tout parent.

La succession aux meubles et acquêts se réglait d'une façon beaucoup plus simple : elle se partageait d'après les règles établies par le droit de Justinien (Novelles 118 et 127) avec cette différence que les ascendants succédaient de préférence à tous les collatéraux indistinctement.

III

SUCCESSIONS DÉFÉRÉES AUX COLLATÉRAUX

La dernière phrase du précédent paragraphe nous amène logiquement à cette règle que nous trouvons d'ailleurs écrite dans la Coutume : à défaut d'enfants et d'ascendants les collatéraux succèdent, à savoir les lignagers paternels aux biens paternels et les maternels aux maternels.

Les collatéraux succédaient, non pas comme aujourd'hui jusqu'au douzième degré seulement, mais jusqu'au degré le plus éloigné. Nous avons déjà dit que la représentation avait lieu en ligne collatérale mais qu'elle n'était admise que jusqu'aux enfants de frères et sœurs inclusivement. Pour établir les règles de la représentation en ligne collatérale, nous ne saurions mieux faire que de reproduire le passage suivant de Pothier :

« La représentation en ligne directe étant principalement établie pour « conserver l'égalité entre les différentes lignes de la descendance et « postérité du défunt, a lieu, soit que les enfants de ces différentes « lignes soient en degré inégal, soit même lorsqu'ils sont tous en égal « degré, et le partage se fait *in stirpes* et non *in capita*.......... Au con« traire, la représentation en ligne collatérale n'étant établie qu'en faveur « des seuls neveux, il est évident qu'elle n'est pas établie en faveur des « lignes....... elle n'existe qu'en faveur des neveux seuls pour les faire « concourir à la succession........ Cette représentation ne doit donc avoir « lieu que lorsqu'il se trouve, lors du décès, quelque frère ou sœur du « défunt qui pourrait les exclure ; quand il ne s'en trouve point, il n'y a « pas lieu à représentation. Les neveux succèdent, en ce cas, de leur chef « et partagent la succession en autant de parts qu'ils sont de personnes. »

En passant dans notre Code civil, cette représentation a subi une modification importante : elle a lieu, d'après l'art. 742, même quand il ne subsiste ni frère ni sœur du défunt et, dans ce cas, les neveux viennent encore à la succession par souches tandis que le droit coutumier les y appelait par têtes.

Un grand nombre de coutumes admettaient l'exclusion des héritiers par les parents du double lien, en d'autres termes suivaient le système de la Novelle 118 dans laquelle les frères et sœurs germains excluaient tous les collatéraux, même les frères et sœurs consanguins ou utérins. Au contraire la Coutume de Vermandois disait expressément : Frères et sœurs conjoints d'un côté seulement succèdent avec les germains.

IV

DES RAPPORTS

D'une façon générale, le rapport consiste dans l'obligation imposée à chaque héritier de remettre dans la masse partageable les libéralités qu'il a reçues du défunt. Cette règle essentiellement juste a pour origine la *collatio bonorum* du droit romain imposée à l'enfant émancipé qui voulait concourir à la succession paternelle avec ses frères et sœurs restés sous la puissance du père de famille.

L'obligation du rapport n'était applicable qu'aux descendants, mais pouvaient-ils en être dispensés ? Sans entrer dans des comparaisons qui sortiraient de notre cadre modeste, disons seulement qu'à l'époque à laquelle nous nous plaçons, certaines coutumes, dites *de préciput*, permettaient au père et à la mère de dispenser leur enfant du rapport; d'autres, appelées coutumes *d'égalité parfaite*, interdisaient toute dispense de rapport, et l'enfant, même renonçant à la succession, était tenu au rapport ; enfin, une dernière classe, dite *d'égalité simple*, comprenait les coutumes dans lesquelles l'enfant donataire pouvait, en renonçant à la succession, se soustraire à l'obligation du rapport.

C'est à cette classe qu'appartenait la Coutume de Vermandois. On ne peut en douter en présence de ce texte : « Enfants auxquels ont été don-« nés meubles ou héritages par père, mère, aïeul ou aïeule en traité de « mariage, avancement d'hoirie ou autrement, sont tenus, s'ils veulent « succéder et partager avec leurs co-héritiers, rapporter les dits meubles « et héritages ou moins prendre en ladite succession. »

Si l'enfant ne peut rapporter le bien en espèce, il doit donc, d'après ce qui précède, en rapporter la valeur. Mais faut-il, pour fixer cette valeur, considérer l'état de ce bien au jour de la donation ou son prix au moment du partage ? Ici encore nous trouvons de nombreuses divergences entre les diverses coutumes : celle de Paris voulait qu'on rapportât la valeur au jour du partage ; La Fons pense que la même décision doit être suivie dans la Coutume de Vermandois, qui reste muette sur ce point.

Il nous semble intéressant de signaler quelques applications des règles que nous avons essayé de fixer : les frais de nourriture, d'éducation, d'instruction à des arts mécaniques ou libéraux (jusqu'au degré de licence inclusivement) ne se rapportaient pas ; il en était de même pour les frais de mariage. Mais, si des dépenses avaient été faites en faveur d'un enfant pour l'acquisition de quelque degré dans les arts libéraux après le degré de licence, pour lui procurer une maîtrise dans un métier mécanique, pour l'achat de quelque office ou pour le paiement d'une rançon, les sommes dépensées étaient sujettes à rapport.

Remarquons en terminant que les parents qui avaient fait pour un de leurs enfants des frais non soumis au rapport pouvaient donner entre vifs à leurs autres enfants une somme équivalente ou ordonner par testament qu'ils la prendraient dans la succession par préciput et avant partage.

CHAPITRE II

DES DONATIONS & DES TESTAMENTS

I

DES DONATIONS ENTRE VIFS

On peut dire que la donation entre vifs fut de tous les temps ; elle est du droit des gens, du droit naturel. Les Romains l'avaient assujettie à des règles que le droit français, du moins le droit national des coutumes, n'admit qu'avec de grandes modifications.

Donner et retenir ne vaut. — Le premier principe du droit coutumier était exprimé dans cette maxime : « Donner et retenir ne vaut », interprétée cependant de diverses manières suivant qu'on avait à l'appliquer dans des pays de droit écrit ou dans des pays de coutumes. Elle signifiait en ce qui nous concerne :

1° Que la donation exigeait le dessaisissement du donateur.

2° Qu'elle devait avoir pour objet uniquement des biens présents.

Tradition. — Ces deux formules résument les règles particulières de la Coutume de Vermandois sur cette matière. Ainsi le don simple ne saisissait pas sans tradition réelle et actuelle ou sans une clause translative de possession ; et encore le donataire ne pouvait se dire seigneur de la chose à lui donnée que lorsque le donateur s'en était dévêtu à son profit ou lorsqu'il en avait joui pendant dix années consécutives, cette jouissance équivalant à une vêture.

Pourtant il n'était requis vest ni devest lorsqu'il s'agissait d'une donation faite en avancement d'hoirie ou en faveur du mariage par celui à qui le donataire devait succéder ; dans ces deux cas, pour être saisi et être fait seigneur de la chose, il suffisait d'en avoir la possession actuelle ou civile par rétention d'usufruit, précaire, constitut ou autre clause du droit translative de possession.

Nullités. — On concluait de ces règles que la donation était nulle :

1° Quand le donateur se trouvait saisi de la chose au moment de son décès, à moins qu'il ne s'en fût réservé l'usufruit.

2° Quand il s'était réservé la faculté de disposer de la chose ou lorsqu'il avait donné sous des conditions dépendant entièrement de sa volonté.

3° Quand la donation de tous biens était faite à la charge, par le donataire, de payer toutes les dettes que le donateur aurait au jour de son décès.

Insinuation. — L'acceptation expresse du donataire et la tradition ne suffisaient pas absolument pour la pleine validité des donations. Une autre formalité était encore exigée ; elle avait pour objet l'intérêt des créanciers dont les biens du donateur étaient le gage. La donation ne valait vis-à-vis de ces créanciers qu'autant qu'elle était insinuée. L'ordonnance de 1539, la déclaration de 1549 et l'ordonnance de Moulins de 1566 avaient établi, confirmé et organisé cette disposition. La jurisprudence appliquait partout ces ordonnances malgré les principes contraires de quelques coutumes. Nous ne trouvons d'ailleurs que celles du Bourbonnais, du Nivernais et de l'Auvergne où il soit écrit « qu'insinuation n'est requise en donation ».

L'insinuation devait être expresse ; elle ne pouvait se suppléer ni par la publication faite à l'audience, ni par le nantissement, ni même par la tradition suivie d'une possession prolongée.

Elle devait être accomplie dans les quatre mois à compter du jour du contrat pour ceux qui habitaient le royaume et dans les six mois pour ceux qui se trouvaient en dehors du royaume ; après ces délais, elle n'avait d'effet qu'à compter du jour où elle était faite et ne pouvait être opposée aux créanciers intermédiaires.

Elle se faisait au greffe du siège royal du domicile du donateur et aux greffes des sièges royaux de la situation de chaque héritage compris dans la donation.

Pas plus dans le droit français que dans le droit romain la capacité de donner et de recevoir ne fut absolue ; les pays de droit écrit suivirent en général les régles du droit romain, tandis qu'il y eut dans les pays de coutumes une assez grande variété. Nous exposerons en quelques mots les principes qui, dans le Vermandois, régissaient cette matière, sans parler toutefois des donations entre époux que nous étudierons plus loin.

Qui pouvait donner ? — Toute personne ayant vingt-cinq ans accomplis était habile à faire une donation entre vifs. Le mineur, âgé de vingt ans, émancipé ou marié, ne pouvait disposer que de ses biens meubles, mais tout mineur avait, avec l'avis de ses parents, la capacité de donner par contrat de mariage.

La jurisprudence avait établi que les insensés et les imbéciles, même non pourvus de curateurs, que les religieux, les condamnés à mort et même les prévenus, condamnés postérieurement, seraient privés du droit de faire aucune donation. Les aubains, qui avaient, comme nous l'avons dit en étudiant leur condition en France, la capacité de donner, ne pouvaient cependant pas faire de donations universelles. Enfin la femme mariée devait, pour donner valablement, être autorisée par son mari.

Que pouvait-on donner ? — Le donateur ayant la capacité légale pouvait, s'il n'avait aucun enfant, aliéner par dispositions entre vifs tous ses biens meubles, acquêts et conquêts immeubles et tous les héritages procédant de son naissant roturier ou feudal. S'il avait des enfants, ses donations n'étaient valables que jusqu'à concurrence de la moitié des héritages de son naissant ; elles pouvaient encore comprendre tous les autres biens acquêts, conquêts et meubles.

La raison de cette restriction se comprend aisément : le patrimoine du donateur était, jusqu'à un certain point, considéré, lorsqu'il avait des enfants, comme affecté à la famille, car :

Ce qui nous vient par nos ayeux
Nous doit être bien précieux ;
Nous n'en avons la jouissance
Que par usufruit seulement
Pour n'en disposer librement
Et le livrer à toute chance.

Querelle d'inofficiosité. — Le père, la mère, l'aïeul ou l'aïeule avait la faculté de donner à l'un de ses enfants ou petits-enfants non venant à sa succession telle partie de ses biens meubles ou immeubles, acquêts ou de naissant, qu'il lui plaisait, et l'avantager ainsi à l'encontre de ses autres enfants. Ceux-ci pouvaient toutefois attaquer les donations faites par leurs parents par la querelle d'inofficiosité, « selon la raison écrite », dit notre Coutume.

Il faut donc se reporter aux règles du droit romain sur cette matière à l'époque de Justinien. Ainsi la querelle d'inofficiosité n'était reconnue fondée et ne faisait tomber la donation que si les descendants qui la portaient ne recevaient pas dans la succession de leurs parents la portion déterminée par la Novelle XVIII, chap. I, c'est-à-dire, lorsqu'ils étaient moins de quatre, s'ils ne recueillaient pas dans la succession le tiers de la part qui leur eût été attribuée *ab intestat* et, lorsqu'ils étaient plus de quatre, la moitié de cette part.

Mais il y a lieu d'observer que la querelle d'inofficiosité n'appartenait, dans le droit coutumier, qu'aux descendants, tandis que dans le système de la Novelle XVIII le droit à la légitime était reconnu aux descendants, aux ascendants, et même, dans certains cas, aux frères et sœurs germains ou consanguins.

II

DES TESTAMENTS

Tester, c'est manifester l'intention de transférer, après sa mort, à une ou à plusieurs personnes la propriété des biens qui vous appartiennent au jour du décès.

Depuis de nombreux siècles et chez bien des peuples (le testament fut en usage chez les Hébreux : V. *Ecclésiastique*, ch. 33, versets 20 et 24, et chez les Egyptiens : V. *Exposé des motifs*, Bigot Préameneu), on a reconnu que le droit de propriété consistait non seulement à pouvoir disposer de ses biens en son vivant, mais encore à pouvoir les transmettre après sa mort à une personne qui les posséderait avec les mêmes avantages et sous les mêmes charges. Nous n'irons pas jusqu'à dire, comme nous l'avons fait en parlant des donations, que les dispositions testamentaires appartiennent au droit naturel. Il paraît certain que le testament fut d'abord inconnu à Athènes et introduit seulement par Solon. Tacite, en étudiant les mœurs des anciens peuples de la Germanie, admet qu'ils aient pratiqué un certain ordre de successions, mais affirme qu'ils ont ignoré le droit de tester. Enfin les peuplades du Nouveau-Monde paraissent n'avoir jamais connu l'usage des testaments.

Quoi qu'il en soit de l'origine de ce mode de transmission de la propriété, on a reconnu, dès qu'il a été inventé ou accepté, qu'il fallait, d'une part, que la volonté du testateur pût, après sa mort, être tenue pour certaine, d'autre part, que ses héritiers légitimes et ses créanciers fussent, jusqu'à un certain point, protégés contre ses erreurs et ses entraînements.

Aussi les législateurs de toute époque se sont-ils particulièrement appliqués à régler avec soin les formes, l'étendue et les effets des libéralités testamentaires.

Ce sont, en laissant de côté, quel que soit l'immense intérêt que présente cette étude, les législations anciennes et étrangères à notre pays, ces formes, cette étendue et ces effets de la faculté de disposer par testament que nous allons brièvement passer en revue en nous plaçant, comme toujours, dans le Vermandois et au XVIe siècle.

Formes du testament. — On reconnaissait, comme dans notre Code, deux espèces de testaments : le testament olographe et le testament authentique; le premier devait être, dit la Coutume, écrit et signé de la main du testateur ; il est probable qu'en fait il était toujours daté, mais nous ne trouvons nulle part que cette formalité dût être observée à peine de nullité.

Les personnes dont la présence donnait l'authenticité à un testament étaient nombreuses : Ainsi les testaments étaient réputés solennels et authentiques quand ils étaient passés devant deux notaires, soit d'Eglise soit de Cour, devant un notaire en présence de deux témoins, devant le curé de la paroisse du testateur ou son vicaire général et un notaire, devant le même curé ou vicaire général et deux témoins, soit encore devant le maire, le bailly, le prévôt de la justice locale, le greffier de cette justice, chacun d'eux en présence de deux témoins. Enfin le testateur pouvait exprimer sa volonté à quatre personnes, toutes capables, non légataires et n'ayant aucun intérêt au testament ; ce testament était ensuite déclaré et dicté à un notaire, tabellion, curé, vicaire, prévôt, bailly, maire ou greffier en présence de ces quatre témoins ; il devait en dernier lieu être relu devant ces témoins et contenir la mention de la date, de la déclaration et de la lecture.

Ces formalités et la présence nécessaire de plusieurs personnes avaient pour but, il est à peine besoin de le dire, d'empêcher la contrainte et de garantir la parfaite indépendance du testateur : elles avaient malheureusement dans certains cas, à cette époque, un résultat contraire à leur but, car, comme le fait remarquer un ancien auteur « les solennités du « testament, introduites pour empêcher les fraudes et suggestions fré« quentes dans les dernières volontés, sont cause très-souvent que celles « qui proviennent de la pure volonté des hommes demeurent sans exé« cution, par la faute ou par l'ignorance de ceux qui les reçoivent, et « qu'au contraire les testaments suggérés sont exécutés. »

Capacité du testateur. — Les hommes âgés de vingt ans et les femmes, de dix-huit ans accomplis pouvaient disposer de leurs meubles, acquêts et conquêts immeubles ; mais les hommes comme les femmes ne pouvaient, avant vingt-cinq ans, disposer de leur naissant.

Toute personne franche, saine d'esprit, ayant l'âge requis pour tester, avait la faculté de léguer par acte de dernière volonté tous ses meubles, acquêts et conquêts immeubles, la moitié de son naissant roturier et le tiers seulement de son naissant lorsqu'il était fief. Observons en passant que la coutume de Châlons n'accordait la libre disposition que du tiers du naissant, soit en fief soit en roture.

Ces règles étaient applicables que le testateur eût ou n'eût pas d'enfants, sauf, bien entendu, à ceux-ci, s'ils étaient désavantagés au-delà de leur légitime, à se débattre par la *querela inofficiosi testamenti.* — Mais les ascendants avaient-ils droit à une légitime ? Cette question est très-controversée par les commentateurs de la Coutume de Vermandois. Malgré l'opinion de ceux qui penchent pour l'affirmative, nous estimons que la légitime était réservée aux descendants seuls ; nous avons déjà dit, en étudiant les donations, que la *querela inofficiosi testamenti* dans le droit coutumier, tout en dérivant de la Novelle de Justinien, en différait sur quelques points et notamment en ce qu'elle n'appartenait pas aux ascendants ; nous pensons que cette règle est générale et qu'il n'y était dérogé que dans les coutumes qui s'expliquaient nettement sur ce point ; la Coutume de Vermandois étant restée muette à cet égard, nous dirons que, pour les testaments comme pour les donations, les descendants seuls avaient droit à une légitime.

Une jurisprudence presque constante reconnaissait la validité du legs fait à l'enfant à naître.

Quelle coutume doit-on suivre pour régler la capacité du testateur quant à l'étendue des dispositions qu'il peut faire ? Est-ce celle du domicile du disposant ou celle de la situation des biens ? Cette question paraît encore avoir été controversée : il est certain que la meilleure opinion serait celle qui ferait de ce droit une faculté personnelle et se reporterait par conséquent à la coutume du domicile du testateur ; mais il nous semble qu'en présence du texte même de la Coutume de Vermandois, au chapitre des donations, il n'y a pas lieu d'hésiter et que, malgré les inconvénients de ce système, il faut décider que la capacité de disposer de ses biens, soit par donation entre vifs soit par testament, était considérée comme un droit réel et devait être réglée par la coutume de la situation des biens.

Exécuteur testamentaire. — Contrairement à la plupart des institutions du droit qui ont été importées en France par les Romains, et qui, des pays de droit écrit, se sont peu à peu propagées dans les pays de coutume, l'institution des exécuteurs testamentaires a pris naissance en France dans les pays de coutume, et l'usage s'en est ensuite répandu dans les pays de droit écrit.

Celui qui avait accepté la charge de l'exécution du testament et qui avait fait inventaire des meubles se trouvait saisi de ces meubles pendant un an et un jour ; il administrait les biens du défunt et veillait à ce que sa volonté reçût un fidèle accomplissement. Dans le cas où il n'y avait aucun héritier, l'exécuteur testamentaire faisait non-seulement des actes d'administration, mais transmettait même réellement aux légataires la propriété des biens du testateur suivant les clauses de son testament.

Mais lorsqu'il existait un héritier, le legs testamentaire ne saisissait pas par lui-même le légataire et la délivrance qui en était faite par l'exécuteur testamentaire devenait insuffisante : cette délivrance devait être consentie par l'héritier ou, sur son refus, ordonnée par la justice ; à moins que ce legs fût de meubles seulement, dans lequel cas la tradition faite par l'exécuteur testamentaire était suffisante. Il résultait de ces principes que l'exécuteur testamentaire pouvait se payer par ses propres mains du legs de meubles à lui fait, mais que si son legs comprenait des immeubles, il n'en recevait la propriété que de la volonté de l'héritier ou de l'autorité de la justice.

Dans le cas où la succession s'ouvrait entre plusieurs héritiers, les uns de meubles et d'acquêts, les autres de naissant, chacun d'eux était tenu, au prorata de ce qu'il prenait dans les biens, d'accomplir le testament et de payer les dettes du défunt.

Le fils aîné retirait d'abord son préciput franc et quitte de toutes charges ; il ne contribuait au paiement des dettes de la succession que dans la même proportion que son frère puîné, à moins toutefois que l'héritage sur lequel il prélevait son préciput n'eût été anciennement grevé de charges foncières : il devait alors les supporter. Mais si ces charges avaient été constituées et assignées par les père et mère, les puînés étaient tenus de les acquitter avec l'aîné par portions égales.

Les mêmes règles s'appliquaient entre les puînés et les filles lorsque ceux-là recueillaient quelque fief dans la succession : les filles contribuaient pour leur part à l'acquit des charges établies sur les fiefs, à moins que ces charges n'eussent été constituées anciennement et par d'autres que par les père et mère.

Ces distinctions nous fournissent encore un exemple d'une des nombreuses injustices de l'époque féodale où tout était à l'avantage des mâles, et, parmi ceux-ci, de l'aîné. On voit ici l'aîné et les mâles non seulement retirer, à l'encontre des filles, des avantages énormes et qui le plus souvent comprenaient la majeure partie de la succession, mais encore jouir de ces avantages francs et quittes de toutes dettes, et ces dettes mises à la charge de celles qui ne recueillaient rien dans l'héritage grevé.

Fidéicommis. — Les substitutions fidéicommissaires étaient généralement admises par le droit coutumier : cette institution, qui venait de Rome, s'était étendue des pays de droit écrit aux pays de coutume. Sans entrer dans l'examen des divers systèmes du droit romain, nous dirons que les substitutions exemplaires et pupillaires n'étaient plus en usage au XVIe siècle ; elles n'étaient pas absolument nulles, mais n'étaient considérées que comme substitutions vulgaires et ne produisaient que les effets de ces dernières.

Restait donc la substitution vulgaire ou fidéicommis qui pouvait se faire par testament, de telle manière qu'un testateur avait la faculté de léguer ses biens à une personne et d'ordonner qu'à la mort de celle-ci, appelée fidéicommissaire, ou à l'arrivée d'une condition quelconque mentionnée dans le testament, les choses léguées devraient retourner à une autre personne choisie et nommée dans le testament.

Une seule coutume, celle du Berry (tit. 18, art. I) qui n'admettait qu'une première institution, enlevait par cela même tout effet à une substitution. D'autres, telles que celles du Bourbonnais, de la Marche, de l'Auvergne, du Nivernais, de la Bretagne, de la Normandie, avaient resserré dans des limites très étroites la faculté de substituer. La Coutume de Vermandois au contraire avait accepté cette institution avec ses applications les plus étendues, et, conformément aux mœurs de la féodalité, cet ordre de succession perpétuel et particulier à chaque famille se réglait le plus souvent de mâle en mâle et d'aîné en aîné.

CHAPITRE III

DES PRESCRIPTIONS ET DU RETRAIT LIGNAGER

I

DES PRESCRIPTIONS

Pothier définit de la façon suivante la prescription : « C'est le droit qui « nous fait acquérir le domaine de propriété d'une chose par la possession « paisible et non interrompue que nous avons eue pendant le laps de « temps réglé par la loi. »

Nous dirons en d'autres termes que la prescription n'est autre chose qu'une reconnaissance légale de la présomption du droit de propriété. Si on accepte cette définition, on conçoit de suite que suivant les mœurs des peuples qui l'ont admise, la durée et les conditions requises pour la prescription ont dû subir de nombreuses modifications.

Notre cadre modeste ne nous permettant pas d'insister sur ces variations, et, encore moins, de discuter la légitimité du principe lui-même, nous n'avons qu'à établir les règles suivant lesquelles, au XVIe siècle, une possession prolongée se transformait en propriété.

Bonne foi. — Par un décret général extrait du concile de Latran, sous Innocent III, en l'an 1215, il avait été résolu que, pour prescrire, le possesseur devait toujours avoir cru en conscience que la chose par lui possédée lui appartenait, en d'autres termes que le possesseur devait avoir été constamment de bonne foi depuis le commencement jusqu'à la fin de la prescription. Un arrêt du 10 juillet 1593 reproduisant cette décision, nous pouvons affirmer, qu'au XVIe siècle, la condition première et indispensable de toute prescription, quelle qu'en fût la durée, était une bonne foi continue.

Cette bonne foi était toujours présumée chez celui qui possédait en vertu d'un juste titre.

Délais. — Les délais exigés pour prescrire variaient naturellement suivant les coutumes. Dans le Vermandois, la prescription pouvait être opposée par ceux qui, majeurs et non privilégiés, avaient, en vertu d'un juste titre et de bonne foi, possédé un héritage, une rente, ou joui d'un droit incorporel pendant dix ans entre présents et pendant vingt ans entre absents. Si, parmi toutes ces conditions, le juste titre faisait défaut, la prescription pouvait encore être acquisitive du droit de propriété, mais elle devait alors se prolonger pendant trente ans.

L'Eglise se trouvait dans la même situation vis-à-vis des laïques, c'est-à-dire qu'elle pouvait, dans les conditions et par les délais indiqués ci-dessus, prescrire contre eux ; mais, de leur côté, les laïques ne pouvaient prescrire contre l'Eglise que par quarante ans, à l'exception même des dîmes qui ne se prescrivaient jamais, quelque longue que fût la possession.

Le délai de quarante ans était aussi seul opposable aux actions personnelles hypothécaires. Cette prescription hypothécaire avec délai de quarante ans venait du droit romain ; elle avait été établie par Anastase (L. 4, Cod., *De tit.*)

La coutume nous dit encore que celui qui possédait le rez-de-chaussée, c'est-à-dire le sol d'un héritage, était réputé propriétaire du dessus et du dessous s'il n'y avait titre contraire, et que le dessus et le dessous ne pouvaient être prescrits par aucun délai, fût-ce même par cent ans.

Autre règle :

Jamais par aucun laps de temps
Le détenteur et censitaire
Contre le seigneur de sa terre
Ne prescrira le droit de cens.

Mais il ne faut pas confondre avec la quotité du cens dû sur les héritages ni avec les arrérages qui étaient prescriptibles par trente ans.

Enfin les créances des marchands, merciers, drapiers, serviteurs, laboureurs, les honoraires des médecins, chirurgiens et apothicaires, se prescrivaient par un an, et les créances des boulangers, vendeurs de denrées et autres marchands au détail par six mois seulement.

II

DU RETRAIT LIGNAGER

Le retrait lignager avait pour but d'assurer la conservation des biens dans les familles ; ce n'était pas, à proprement parler, un mode d'acquisition de la propriété, mais plutôt un moyen de la retenir et de la recouvrer.

Origines. — Sans faire un historique complet du retrait, il paraît néanmoins intéressant de rappeler que cet usage est très ancien et qu'il a même été pratiqué par les Hébreux, chez lesquels « en sept fois sept « années chacun retournait aux possessions et héritages qui étaient de « sa lignée. » Une institution analogue exista aussi chez les Romains, car une loi, abrogée par une constitution des empereurs Valentinien, Théodore et Arcadius, permettait aux proches parents du vendeur d'écarter tout acheteur étranger.

Mais c'est véritablement dans le droit germanique (*Lex sax.*, tit. XVII, ch. I) qu'il faut chercher l'origine du retrait lignager ; nous trouvons en effet dans cette loi que tout propriétaire devait, avant de vendre son bien, l'offrir à ses parents et à son tuteur et qu'il n'était libre d'en disposer à son gré que dans le cas où ceux-ci refusaient de l'acheter.

Laissons de côté les principes qui, au XIVe siècle, époque à laquelle fut véritablement organisée cette institution, régissaient le retrait lignager, pour étudier maintenant son état au XVIe siècle et les règles auxquelles il était soumis dans le Vermandois.

Délais. — Lorsqu'une personne vendait à un étranger son héritage propre, les parents et lignagers du vendeur, c'est-à-dire ceux qui appartenaient à la ligne de laquelle provenait l'héritage, pouvaient demander et reprendre par retrait lignager cet héritage soit dans l'espace d'un an et un jour à dater du moment où l'acheteur avait été infeudé par le seigneur s'il s'agissait d'un fief, soit à partir de l'instant où l'acheteur avait été vêtu et mis en possession par le seigneur foncier ou ses officiers si l'héritage était en roture, soit enfin lorsqu'il s'agissait d'un franc-aleu, pour lequel il n'était requis vest ni devest, dans l'espace d'un an et un jour à dater de la prise de possession par l'acheteur après paiement du prix en principal et accessoires.

Si l'acheteur jouissait pendant dix ans de l'héritage sans avoir été vêtu et mis en possession par le seigneur ou par la justice foncière, le délai d'an et jour ne commençait qu'après ces dix années révolues ; cette jouissance et possession de dix ans remplaçaient la vêture.

Si le seigneur refusait d'infeuder ou d'investir l'acheteur, le délai de retrait commençait à courir du jour du refus.

Ces délais couraient contre les majeurs, les mineurs, les absents, les furieux et tous autres privilégiés sans qu'il y eût jamais lieu à restitution ou à rescision.

Si plusieurs lignagers avaient « ajourné » l'acheteur, c'est-à-dire lui avaient fait connaître leur intention d'opérer le retrait, le premier excluait les plus récents : il fallait donc examiner uniquement la date de l'avertissement signifié à l'acheteur sans tenir aucun compte du degré de parenté plus ou moins rapproché qui liait le lignager au vendeur.

Héritages susceptibles de retrait. — La règle générale était que les immeubles propres étaient seuls susceptibles de retrait ; par exception, dans les coutumes d'Anjou, du Maine et de Touraine, le retrait s'appliquait même aux acquêts. Mais les meubles ne pouvaient jamais être l'objet du retrait lignager.

Citons à ce propos le fait suivant : Quelqu'un ayant été condamné, par arrêt, à être pendu et étranglé, fut exécuté et son cadavre fut exposé pour montrer le grand chemin aux passants. Le gibet où il avait été pendu vint à tomber, et l'accusateur, pour faire injure à un frère de l'exécuté, s'avisa de faire mener le gibet au logis de ce frère comme si celui-ci eût dû le retirer par droit de lignager. La cause fut portée devant la justice et l'avocat prétendit qu'il n'y avait aucun retrait lignager en ce meuble, lequel d'ailleurs n'était aucunement précieux. Par arrêt de l'an 1606 il fut dit que le gibet serait ôté de la maison du frère par l'aide du bourreau et remis au lieu où premièrement il était posé, l'accusateur condamné à l'accompagner tête nue et aux dépens de l'instance (Arrêt du 1er juillet 1606, en la Tournelle ; M. Séguier président).

Formes du retrait. — L'ajournement se faisait par un simple avis donné soit verbalement soit par écrit à l'acheteur par le retrayant lignager ; mais l'offre des deniers devait être faite par-devant notaire ou en présence de deux témoins. Il n'était pas indispensable de la faire au comptant du prix total ; il suffisait d'offrir une seule pièce d'argent et de prendre l'engagement de parfaire le prix et de rembourser l'acquéreur.

Dans le cas où des contestations s'élevaient sur le droit du retrayant, la difficulté pouvait, au choix de celui-ci, être portée devant son juge ordinaire ou devant le juge du lieu de la situation de l'immeuble.

Le retrayant devait rembourser le prix total à l'acheteur dans les vingt-quatre heures qui suivaient la remise des titres d'acquisition ou leur dépôt au greffe ; il était également tenu de payer tous les frais vingt-quatre heures après leur liquidation ou les consigner en justice s'il y avait appel de la liquidation.

Si le retrayant en était requis, il devait affirmer par serment que le retrait qu'il faisait était de ses deniers, pour son profit et sans fraude ; mais, de son côté, il pouvait obliger l'acheteur et même le vendeur à affirmer par serment qu'il n'y avait pas eu fraude dans le prix prétendu.

Toutes les dépenses nécessaires faites par l'acheteur avant l'ajournement du retrait devaient lui être restituées ; aucune indemnité ne lui était due pour les dépenses non nécessaires, encore qu'elles fussent utiles, mais il avait la faculté d'enlever ce qu'il avait ajouté à la chose, à la condition de ne causer aucune détérioration.

Lorsque l'acheteur était absent et n'avait pas son domicile dans le pays du lignager, il suffisait à celui-ci de le faire ajourner au lieu de la chose achetée en parlant à ses receveur, fermier ou laboureur, ou, à leur défaut, à deux personnes voisines de l'héritage, en faisant attacher l'exploit et le rapport du sergent à la porte de la maison ou à la porte de son église paroissiale pour interrompre la prescription d'an et jour.

Enfin, si l'héritage sujet à retrait avait été revendu ou aliéné de toute autre manière par le premier acheteur dans l'espace d'une année et un jour à dater de la première vente, le lignager pouvait, dans le courant de cette année, opérer le retrait entre les mains du détenteur en offrant les deniers et les loyaux coûts de la première vente.

Le retrait lignager a été abrogé par la loi du 23 juillet 1790.

QUATRIÈME PARTIE

DES CONTRATS

Le titre donné à cette dernière partie de notre étude est la conséquence du plan que nous nous sommes imposé, puisque, après avoir considéré l'état des personnes, le régime des biens et les modes de transmission de la propriété, il faudrait logiquement étudier les diverses modalités par lesquelles était susceptible de passer cette propriété à raison soit de conventions intervenues entre les personnes, soit d'obligations résultant de l'état social et du commerce des hommes entre eux.

Mais les coutumes n'avaient ni théorie générale des obligations ni théorie particulière des différents contrats. Il existait seulement quelques règles relatives à la vente, au louage, au gage, à l'hypothèque : ces règles n'offrent pas par elles-mêmes un grand intérêt ; elles formeraient plutôt un aride exposé de procédures diverses et nous nous contenterons de renvoyer aux titres XX et XXI de la Coutume de Vermandois ceux qui désireraient les étudier spécialement. Nous ne nous arrêterons, pour notre part, qu'au contrat de mariage, qui constituait une branche importante du droit au XVIe siècle et dont l'étude peut, en même temps, donner un aperçu philosophique de l'état de la société à cette époque.

CHAPITRE PREMIER

I

DE LA COMMUNAUTÉ

Toutes les coutumes en France, sauf celles de Normandie et de Reims, avaient adopté pour règle générale du contrat de mariage le principe de la communauté de biens.

Origines. — La communauté de biens est naturellement sortie de la communauté d'existence de l'homme et de la femme « à moins, disait » un écrivain du XVIe siècle, que le serpent de la division ne vienne à se » glisser au logis, car alors cette femme, qui nous est donnée pour com- » pagne, nous est plus importune qu'une gouttière en temps de pluie. »

Les anciens auteurs voulaient faire remonter l'origine de la communauté de biens au droit romain ; mais nous pensons qu'il y a dans cette opinion une confusion : assurément la communauté pouvait, à Rome, faire l'objet d'un contrat licite, et on a avec raison invoqué la Loi 16, § 3, D (*De alimentis vel cibariis legatis*), de laquelle il résulte que la communauté pouvait être stipulée entre les époux ; mais elle restait soumise, comme le dit d'ailleurs cette loi, aux règles ordinaires des sociétés, et il est évident que la communauté n'était pas d'un usage ordinaire chez les Romains, puisque les effets n'en avaient été réglés ni par la loi ni par les préteurs.

César, dans ses *Commentaires* (liv. VI, § 5), rapporte qu'à l'époque de la conquête de la Gaule par les Romains, les usages du pays conquis étaient les suivants : « La femme apporte une dot et le mari, de son côté, » fait une mise égale ; estimation est faite et un fonds commun est formé » de ce double apport ; les fruits sont mis en réserve et le survivant » gagne le tout avec les fruits du temps écoulé. » — Lors de la discussion de notre code civil, certains orateurs ont vu dans cette association le commencement du régime de la communauté, mais cette combinaison ne ressemble en rien à la communauté telle que nous la comprenons aujourd'hui (Laferrière, *Hist. du droit français*, T. Ier, p. 169) : c'est une convention aléatoire, un gain réciproque de survie ; on met en réserve la totalité des fruits que la communauté, au contraire, emploie aux dépenses quotidiennes du ménage ; de plus la veuve n'a de droit sur les biens du mari qu'autant qu'elle-même a fait un apport, et dans la proportion de cet apport.

Si l'on ne peut fixer d'une façon précise l'époque à laquelle ce régime prit naissance, on peut affirmer au moins que c'est pendant la féodalité qu'il acquit ses principaux développements. Beaumanoir, au XIIIe siècle, écrivait que la communauté de biens entre époux était devenue depuis longtemps la coutume générale. « Chacun sait, dit-il (ch. I, no 2), que

» compeignie se fait par mariage, car sitôt comme mariage est fait, les » biens de l'un et de l'autre sont communs par la vertu du mariage. »

Au XVIe siècle, la communauté formait la règle générale en France ; elle s'établissait même sans aucune convention, par la seule disposition de la coutume du lieu où le mari avait son domicile et où le mariage avait été célébré.

Exceptions. — La communauté légale pouvait néanmoins être modifiée par des conventions spéciales, et les époux avaient aussi la faculté de stipuler la communauté dans un pays où elle n'était pas de droit commun, par exemple dans les pays de droit écrit.

La Normandie seule ne connaissait pas la communauté et ce régime y était même formellement prohibé par la coutume, de telle sorte que les époux, désireux d'adopter pour leurs conventions matrimoniales les règles de la communauté, devaient aller célébrer leur mariage en dehors de cette province. MMrs Rodière et Pont expliquent cette anomalie en disant que les Normands, qui donnèrent leur nom à l'ancienne Neustrie, étaient des pirates avides n'ayant d'autres épouses que des femmes enlevées à leurs voisins, et ne pouvant les associer à leurs périlleuses expéditions sur les mers.

Rappelons, avant de commencer l'analyse des effets de la communauté, que ce régime, une fois adopté, soit purement et simplement tel que la Coutume l'établissait, soit avec les modifications permises, ne pouvait plus être changé pendant le mariage.

II

DES BIENS QUI TOMBAIENT DANS LA COMMUNAUTÉ

La communauté s'établissait, dans le Vermandois, à partir du jour de la célébration du mariage. Si nous faisons cette observation qui peut paraître superflue, c'est parce que quelques coutumes (Anjou, Maine, Perche, Loudunois, Chartres) ne la faisaient commencer qu'après l'an et jour des noces.

A. — Meubles. — Tous les effets mobiliers, tous les meubles, corporels ou incorporels, dont les époux étaient propriétaires au moment de leur mariage ou qui leur échéaient pendant le mariage tombaient en communauté. Certaines exceptions étaient apportées à ce principe, les unes établies par la loi même, les autres résultant de conventions ou de réserves particulières. Ainsi :

1° Si, lorsque les époux ou l'un d'eux étaient mineurs, leur fortune se composait pour la plus grande partie de meubles, ils pouvaient, même après le mariage, faire réduire la communauté légale au tiers de leurs biens. Pothier (*Traité de la comm.*, n° 103) enseigne que cette exception avait été introduite non par la coutume, mais par la jurisprudence.

2° Les meubles échus pendant le mariage à l'un des époux par succession ou par donation lui restaient propres, lorsque le donateur ou le testateur en avait expressément manifesté la volonté.

3° La cause de la créance pouvait aussi avoir une influence sur la nature d'une somme due et faire considérer celle-ci, au point de vue de la communauté, tantôt comme mobilière, tantôt comme immobilière : c'est ainsi que, suivant Lebrun, les créances appartenant à l'un des époux pour prix d'un immeuble aliéné ou comme soulte d'un immeuble échangé avant le mariage ne tombaient pas en communauté. Pothier, au contraire, n'admettait pas cette réserve et disait : « On n'a pas égard à la cause d'où « la créance procède. »

Il était hors de doute toutefois que certains meubles, provenant d'un immeuble et n'ayant pas le caractère de fruits, ne tombaient pas dans la communauté ; c'étaient : (*A*) les arbres de haute futaie, (*B*) les trésors, (*C*) les matériaux d'un édifice démoli.

(*A*) Les arbres de haute futaie étaient plutôt considérés comme une portion du fonds et, s'ils étaient abattus, restaient propres à l'époux propriétaire du fonds (Conf. art. 1403, C. C.)

(*B*) Quant au trésor, nous savons qu'un tiers était dévolu au seigneur haut-justicier, un tiers au propriétaire du sol et un tiers à l'inventeur. Or Pothier (n° 98) décidait que la partie dévolue à l'époux à titre de seigneur ou d'inventeur tombait en communauté, mais que le tiers recueilli par lui à titre de propriétaire du fonds lui restait propre. Cette subtile distinction n'a pas été suivie par le Code civil (Art. 1401, C. C.)

(*C*) Enfin les matériaux d'un édifice démoli conservaient le caractère d'immeubles si le propriétaire n'avait démoli que pour reconstruire ; ils devenaient au contraire meubles et faisaient partie de la communauté si le propriétaire n'avait pas eu la reconstruction pour but (Arrêtés de Lamoignon, De la qualité des biens, art. 15.)

D'autre part, pour éviter que les conjoints pussent se faire pendant le mariage des libéralités indirectes en aliénant leurs propres, on admettait : 1° que les sommes provenant de la vente d'un immeuble propre aliéné pendant le mariage restaient propres au vendeur ; 2° que les soultes dues à un époux après partage d'une succession immobilière lui restaient également propres.

B. — Immeubles. — La communauté comprenait aussi les immeubles acquis par les conjoints pendant le mariage. On distingua à une certaine époque les immeubles acquis par les deux époux conjointement : ils étaient dits conquêts ; et les immeubles acquis par l'un des deux séparément, que l'on nommait acquêts. Mais cette distinction ne constituait en réalité qu'une différence de mots, car les mêmes règles s'appliquaient aux conquêts et aux acquêts immeubles.

Les immeubles recueillis pendant le mariage à titre gratuit, autrement que par succession ou avancement d'hoirie, tombaient donc dans la communauté à moins d'une clause expresse de réserve. Le Code civil au contraire déclare que les immeubles dont l'un des époux est devenu propriétaire par suite d'une donation entre vifs lui restent propres (Art. 1402 et 1405.)

Ameublissement. — Mais les immeubles, acquêts ou propres, appartenant aux époux au moment du mariage, ainsi que ceux qui leur étaient donnés par contrat de mariage, étaient exclus de la communauté. Cependant cette catégorie de biens pouvait entrer en communauté au moyen d'une clause fort usitée que l'on nommait « ameublissement ». Les mineurs pouvaient, lorsque leurs biens mobiliers ne représentaient pas le tiers de leur apport, ameublir leurs immeubles, mais seulement jusqu'à concurrence de ce tiers, tandis que les majeurs avaient le droit d'ameublir la totalité de leurs propres et acquêts.

Réalisation. — A l'inverse, et par une clause dite de réalisation, il était permis aux conjoints d'exclure de la communauté une somme déterminée de deniers ou d'autres biens mobiliers.

Les immeubles échus aux époux pendant le mariage par succession directe ou collatérale et ceux donnés ou légués par un ascendant restaient propres.

Enfin on considérait comme immeubles fictifs et par conséquent en dehors de la communauté les rentes constituées et les offices dont le mari était pourvu au jour du mariage.

L'immeuble acquis pendant le mariage avec des deniers communs tombait dans la communauté ; mais si la femme venait à mourir, le mari avait la faculté de garder cet immeuble en remboursant aux héritiers de la femme la moitié des deniers qui avaient été employés pour l'acquisition.

III

DETTES ET CHARGES DE LA COMMUNAUTÉ

« Là où va l'actif mobilier, là va le passif mobilier ; là où reste l'actif immobilier, là reste le passif immobilier. » Tel était le principe posé au XVIe siècle (Pothier, n°s 233 et suiv.) et dont nous allons citer quelques applications en considérant les dettes antérieures au mariage, celles contractées pendant le mariage et celles faisant partie des successions échues aux époux pendant le mariage.

1° Dettes antérieures au mariage. — La communauté était tenue de toutes les dettes mobilières à l'exception de celles qui étaient relatives aux propres des époux. Par la clause de séparation de dettes, les époux pouvaient néanmoins convenir que leurs dettes antérieures au mariage ne tomberaient pas en communauté.

Mais cette convention n'était pas, pendant la communauté, opposable aux créanciers du mari. Quant aux créanciers de la femme, ils ne pouvaient poursuivre le recouvrement de leurs créances sur les biens de la communauté que jusqu'à concurrence de l'apport de la femme s'il avait été fait inventaire, tandis qu'ils avaient action sur tous les biens de la communauté lorsqu'il n'y avait pas eu d'inventaire.

2° Dettes contractées pendant le mariage. — Au xve siècle, lorsque le mari avait été condamné pour crime emportant la mort civile, cette déchéance entraînait la confiscation de tous les biens de la communauté ; mais Dumoulin (art. 13, sur Vermandois) soutint que la moitié seule appartenant au mari pouvait être sujette à confiscation : cette opinion ne tarda pas à se généraliser et fut admise dans toutes les coutumes par la jurisprudence.

En dehors des dettes résultant de condamnations, le mari n'avait aucun compte à rendre à sa femme : il avait un pouvoir absolu sur les biens de la communauté.

La femme au contraire avait besoin pour s'obliger, soit de l'autorisation de son mari, soit de l'autorisation de la justice. Lorsqu'elle agissait avec l'autorisation, soit expresse soit tacite, de son mari, elle obligeait la communauté. Si elle agissait en son propre nom, avec l'autorisation de justice, elle n'obligeait qu'elle-même ; sa dette restait étrangère au mari et à la communauté.

3° Dettes provenant des successions échues pendant le mariage. — Lorsque la succession était mobilière, la communauté supportait toutes les dettes tant immobilières que mobilières (ce principe a été reproduit par l'art. 1409 du Code civil) ; cependant si la femme n'avait accepté une succession mobilière qu'avec l'autorisation de justice, la communauté n'était tenue des dettes que jusqu'à concurrence de l'émolument recueilli, s'il avait été fait inventaire.

Lorsque la succession était immobilière, l'actif restant propre à l'époux, celui-ci devait supporter tout le passif mobilier ou immobilier, tandis que la communauté, acquérant les revenus, était tenue des intérêts ou arrérages du passif (Pothier, n° 260 bis).

Enfin si la succession était à la fois mobilière et immobilière, la totalité des dettes se répartissait sur les meubles comme sur les immeubles et la contribution aux dettes correspondait à l'émolument recueilli. C'est le système consacré par l'art. 1414 du Code civil et sur lequel il est par conséquent inutile d'insister.

IV

ADMINISTRATION MARITALE

Le mari avait sur sa femme une autorité qui allait jusqu'à la correction. D'Argentré, au XVIe siècle, disait : « *Retinere et castigare uxorem debet* »; c'est la confirmation de ce passage de Beaumanoir (T. II, ch. 57, p. 333) : « Il loist à l'homme battre sa femme sans mort et sans enchaînez quand « elle le meffet. Si comme quand elle est en voie de faire folie de son « corps, ou quand elle dément son baron ou maudist, ou quand elle ne « veut obéir à ses raisnables commandements que prude femme doit « faire. En tels cas et en semblables, est bien mestiers que li mari soit « castierre de sa femme resnablement. »

On comprend alors sans difficulté que le mari, ayant une telle autorité sur la personne, était seigneur et maître des biens de la communauté, meubles ou immeubles, et pouvait en disposer à son gré sans le consentement de la femme. D'une façon générale on disait : « Le mari vit « comme maître et meurt comme associé ». Ou encore, selon Dumoulin : « Le droit de la femme est *in habitu* et non pas *in actu* », c'est-à-dire que le droit de celle-ci ne se manifestait qu'à la dissolution de la communauté.

Le mari pouvait vendre, aliéner, hypothéquer les biens de la communauté et même faire des donations entre vifs, pourvu que ces donations fussent faites à personnes capables et sans fraude. La fraude était toujours présumée dans le cas de donations universelles et lorsque le mari s'enrichissait soit directement, soit indirectement aux dépens de la communauté.

Le pouvoir du mari était donc plus qu'un droit d'administration et pourtant ce n'était pas un droit de propriété, puisque la femme pouvait provoquer la séparation de biens et attaquer, à la dissolution de la communauté, les actes faits en fraude de ses droits. C'était un pouvoir *sui generis* qui ne s'expliquait que par l'état de la société au XVIe siècle, que par cette autorité corporelle même accordée au mari sur la personne de sa femme, et auquel le code civil a imposé des règles plus conformes à la conception que nous nous formons aujourd'hui de l'association conjugale.

V

DISSOLUTION DE LA COMMUNAUTÉ

Dissolution. — La communauté était dissoute par la mort d'un des époux, par la mort civile et par la séparation de biens.

La séparation de biens devait être prononcée en justice ; la communauté était alors dissoute et les effets de la dissolution remontaient au jour de la demande ; la femme recouvrait la libre administration et la jouissance de sa fortune. Si la séparation de biens avait été prononcée seule, les époux continuaient à demeurer ensemble et la femme devait contribuer aux charges du ménage ; mais la justice pouvait prononcer en même temps la séparation d'habitation qui entraînait la séparation de biens.

Acceptation. — L'acceptation pouvait être expresse ou tacite, sauf dans les cas de dol ou de violence, de plus, le mineur à qui l'acceptation était préjudiciable pouvait obtenir des lettres de rescision contre cette acceptation.

Avant le partage de la communauté chacun des époux, ou son héritier, prélevait : 1° Les deniers provenant de propres aliénés pendant le mariage; 2° les deniers stipulés propres ; 3° les avantages faits par contrat de mariage ; 4° le préciput du survivant sur lequel nous nous expliquerons plus loin. La femme prenait en outre les vêtements qu'elle portait d'habitude les dimanches et jours de fêtes seulement : c'est une différence avec la plupart des autres coutumes qui lui permettaient d'enlever tous ses vêtements sans distinction.

Renonciation. — Pour que la renonciation fût valable, la femme ou ses héritiers ne devaient d'abord accomplir aucun acte qui pût, de leur part, laisser supposer une intention d'acceptation ; ils devaient, en second lieu, « faire bon et loyal inventaire ». Ces conditions remplies, la renonciation devait être accomplie dans un temps prescrit qui variait suivant les coutumes ; le délai était, dans le Vermandois, de trois mois pour les femmes nobles et de six semaines pour les femmes roturières.

La renonciation n'exigeait d'autres formes qu'une déclaration faite en justice en personne ou même par un procureur spécialement fondé.

Anciennement la femme qui renonçait à la communauté et qui, par suite, refusait de payer les dettes de son mari, devait mettre les clefs sur la fosse du trépassé ; la raison en était qu'autrefois on donnait les clefs de la maison à la nouvelle mariée comme un signe de l'autorité que son mari lui abandonnait sur tout ce qui était du ménage et de la conduite du logis. Froissart (vol. 4, ch. 89) rapporte « que la femme du comte de « Blois ne fut pas honteuse de pratiquer cette cérémonie, non plus que « la veuve de Philippe le Hardi, duc de Bourgogne. »

Le mari ne pouvait jamais renoncer à la communauté après la mort de sa femme et s'exempter par ce moyen du paiement des dettes.

VI

PRÉCIPUT — CONTINUATION DE LA COMMUNAUTÉ

Préciput. — Le préciput était un droit par lequel, suivant plusieurs coutumes, l'époux survivant, lorsqu'il n'existait aucun enfant, pouvait prendre les meubles en toute propriété à la condition d'acquitter les dettes mobilières. Ce droit n'appartenait qu'aux nobles.

Notre Coutume n'accorde le préciput légal que sur les meubles et les dettes actives qui étaient en communauté entre la femme et le mari nobles ; il ne pouvait donc y avoir lieu à préciput lorsqu'il n'y avait point eu communauté entre les conjoints, soit que le mariage eût été célébré suivant les règles des pays de droit écrit, soit que la séparation de biens eût été expressément stipulée par le contrat de mariage.

Lors donc que la communauté avait existé, la femme noble survivante pouvait, dans les quarante jours qui suivaient le décès de son mari, choisir et prendre tous les meubles à la charge de payer toutes les dettes mobilières, ou s'en tenir purement et simplement à sa part de la communauté.

La veuve noble exerçait encore un privilège : elle avait la faculté de choisir pour sa demeure une des maisons seigneuriales ou autres qu'elle prenait par préciput, mais dont elle était dépossédée dans le cas de nouveau mariage.

Continuation de la communauté. — La plupart des coutumes, et celle de Vermandois entre autres, avaient établi qu'après le décès d'un des époux, si le survivant ne faisait ni inventaire ni aucun acte solennel indiquant sa volonté de dissoudre la communauté, et s'il existait un enfant mineur, celui-ci pouvait demander la continuation de la communauté.

Lorsque l'époux survivant ne se remariait pas, il se formait ainsi une deuxième communauté dans laquelle le survivant comptait pour moitié et les enfants pour l'autre moitié. Mais lorsqu'il se mariait en secondes noces, une autre communauté commençait dans laquelle le survivant et son nouvel époux prenaient part chacun pour un tiers et les enfants du premier lit pour l'autre tiers. Enfin si du deuxième mariage naissaient des enfants, ceux-ci recevaient un quart, chacun des époux un quart et les enfants du premier mariage un quart. Ces quelques exemples peuvent donner une idée des difficultés et des contestations que devait engendrer cet usage.

Cette communauté continuée comprenait : 1° Les meubles de la première communauté ; 2° les fruits des propres du survivant et les meubles qui lui échéaient ; 3° les immeubles qu'il acquérait autrement que par succession ou par donation ; 4° les fruits des conquêts et des propres des enfants.

Elle se dissolvait : 1° Par la mort naturelle ou civile de l'époux survivant ; 2° par la mort des enfants ; 3° par la demande en partage formée par les enfants majeurs.

CHAPITRE II

DES DONATIONS ENTRE ÉPOUX — DU DOUAIRE

I

DONATIONS ENTRE ÉPOUX

Au XVIe siècle quelques coutumes autorisaient entre époux toute espèce de donations entre vifs ou testamentaires ; d'autres les interdisaient d'une façon absolue ; mais le plus grand nombre les restreignaient à l'usufruit.

Dans le Vermandois les conjoints ne pouvaient se faire aucun avantage par testament, aucune donation entre vifs soit directement soit indirectement, soit par personnes interposées, par exemple en donnant aux enfants les uns des autres, issus d'un premier mariage ; à moins pourtant que le conjoint donateur n'eût aucun enfant soit de son mariage actuel, soit d'un précédent mariage : dans ce cas seulement il pouvait donner aux enfants issus d'un premier mariage de son conjoint pourvu qu'il n'y eût aucune fraude.

Buridan explique bien le motif de cette prohibition en disant « que les « biens des père et mère sont comme estimez être les biens des enfants « et qu'il ne faut légèrement les laisser abandonner à des femmes volages « et inconstantes à leurs nouveaux marys, à la ruyne de leurs enfans qui « sont leurs vrays créanciers de sang ; ou par les marys de bas courage, « lesquels se pourraient facilement laisser emporter par les cajeolleries « de leurs jeunes fêmes et par ce moyen transporter les biens d'une « famille en autre. »

La coutume de Noyon, par exception, permettait aux conjoints de se donner l'un à l'autre par testament tout ce qu'ils pouvaient donner à un étranger, réservant la légitime aux enfants.

Don mutuel. — Une seule espèce de donation était autorisée entre époux : le don mutuel. D'une façon générale, c'était une convention entre époux par laquelle le survivant devait recueillir certains avantages au détriment des héritiers du défunt.

En France, le don mutuel paraît remonter à une époque très éloignée, tandis qu'il était inconnu des Romains ou plutôt n'était permis qu'entre camarades et gens de guerre. Un auteur du XVIe siècle, en faisant cette remarque, ajoute : « Dans la plupart de nos coutumes les mariés se peu-« vent entredonner mutuellement,

« Non que les mariés soient ainsi comme en guerre,
« Bien que Mars à Cypris ait souvent affaire,

« mais à cause du douteux évènement de telle donation, pareille chance « court et le risque est égal. »

Cette sorte de donation paraît avoir été autorisée par toutes les coutumes sans distinction ; nous ne trouvons comme exception que les coutumes du bailliage et de la prévôté de Chauny qui refusaient d'admettre même le don mutuel. Toutefois les conditions auxquelles ce don était assujetti et les effets qu'il produisait variaient suivant les coutumes. Sans entrer dans des comparaisons intéressantes, mais qui nous entraîneraient trop loin, examinons en quelques mots les règles applicables au Vermandois :

Le don mutuel n'était valable qu'autant qu'il avait été fait entre conjoints sains de corps et d'esprit, et qu'il n'existait au moment du décès de l'un d'eux ni enfant issu de leur mariage, ni enfant né d'un précédent mariage.

Les époux pouvaient se faire en toute propriété donation mutuelle des meubles faisant partie de la communauté, et, en usufruit seulement, des conquêts immeubles. Pour que cette dernière donation fût valable, le survivant devait faire inventaire de ces conquêts ; il devait aussi, comme tout usufruitier, fournir caution et supporter toutes les dépenses qui étaient considérées comme une charge des fruits.

L'époux se trouvait saisi du don mutuel par le décès même de son conjoint, et, pourvu qu'il eût fait inventaire et fourni caution, il pouvait se défendre s'il était troublé dans sa jouissance par l'héritier du donateur, et former complainte pour les choses qui lui avaient été données. Il devait seulement, comme charge du don mutuel, payer les dettes personnelles du défunt, accomplir son testament en ce qui touchait les legs d'objets mobiliers et acquitter les frais funéraires. Cette dernière obligation n'était que l'application du vieux principe « si un homme prend femme par « mariage et si un muert sans hoirs de son corps, celui qui vit ne doit « payer trantel au mort s'il n'en retient la remanence. » (*Trantel* ou *trentin*, parce que durant trente jours on priait Dieu pour le trépassé.)

Notre Coutume ne s'explique pas sur la forme nécessaire à la validité du don mutuel, mais les auteurs exigeaient presque tous que cette donation fût, comme les donations entre vifs, passée, à peine de nullité, pardevant notaire. (Pothier, *du don mutuel*, n° 169).

Le don mutuel ne pouvait être révoqué que du consentement commun des époux ; cette irrévocabilité était la conséquence même du caractère de cette sorte de donation qui avait pour cause la mutualité et la réciprocité.

L'usufruit du donataire prenait fin par sa mort naturelle et aussi par sa mort civile.

II

DU DOUAIRE

Origines. — L'organisation réelle du douaire coutumier ne date que de Philippe-Auguste, mais nous pensons, contrairement à l'opinion de Buridan, qu'il faut remonter à une époque beaucoup plus éloignée pour trouver l'origine de cette institution, et nous essayerons de démontrer que si Philippe-Auguste fit une ordonnance sur le douaire, l'usage en existait en France même avant la troisième race des rois ; d'autre part Delafons et plusieurs autres auteurs estiment que le douaire vient du don de noces, appelé dot, que les anciens Francs et les Germains donnaient à leurs femmes en se mariant.

La femme germaine était dans une tutelle perpétuelle appelée « *mundium* », d'un vieux mot saxon « *mund* (tutelle) » : avant de se marier elle se trouvait placée sous la tutelle de ses parents, père, frère ou autre parent paternel ; en se mariant elle passait sous la puissance de son mari, mais celui-ci devait acheter le *mundium* à celui qui le possédait sur la jeune fille : « *Si vir virginem mercetur*, *pretio empta sit* » (Loi des

Saxons). Ce prix, convenu, ou fixé par la loi, versé d'abord entre les mains des parents de la femme, ne tarda pas à être payé à la femme elle-même et prit alors le caractère d'une dot qui lui était offerte en toute propriété (V. Tacite, *de mor. Germ.*, § 18).

Deux cérémonies bien distinctes concouraient ainsi au mariage : par l'une, appelée *festuca et andelangum*, l'épouse devenait propriétaire du *pretium* nuptial, c'est-à-dire de la dot ; par l'autre, appelée cérémonie du sol et du denier, *per solidum et denarium*, l'époux acquérait le *mundium*, c'est-à-dire la puissance maritale.

Il faut donc bien se pénétrer de cette distinction, que la dot, dans le droit romain, désignait l'apport de la femme, tandis que le même mot « dot », dans le système germain, désignait l'apport du mari.

La dot, ou le prix du *mundium*, était accompagnée d'un autre don, appelé « morgenbad » par les lois barbares, ou, en latin, *matutina donatio*; c'était un présent du matin, ou du lendemain, attribué à la jeune fille seule et non à la veuve : *præmium defloratæ virginitatis*.

Le *pretium* nuptial et la *matutina donatio* ne tardèrent pas à se confondre et formèrent le douaire : ce fut alors un gain de survie attribué à la veuve comme à la jeune fille et qui d'abord résultant de conventions (douaire conventionnel) fut ensuite attaché de plein droit au mariage (douaire coutumier). C'est Philippe-Auguste qui établit le douaire légal en ordonnant que la femme serait « douée de la moitié de ce que l'homme « avait lorsqu'il l'espousa ».

Au XVIe siècle, la plupart des coutumes admettaient de plein droit le douaire; quelques-unes (Saintonge, Marche, Boulonnais, Berry, Auvergne) exigeaient qu'il fût expressément stipulé ; d'autres enfin, moins nombreuses encore, et parmi elles la coutume de Saintonge, faisaient une distinction et ne reconnaissaient entre nobles que le douaire légal, et, entre roturiers, que le douaire conventionnel. La Coutume de Vermandois rentre dans la catégorie la plus générale : elle admettait parallèlement le douaire coutumier et le douaire conventionnel ou préfix ; nous allons passer en revue les règles propres à chacune de ces deux institutions.

1° Douaire coutumier. — Le douaire coutumier consistait dans l'usufruit d'une certaine portion des biens du mari ; cette portion, dans le Vermandois, comprenait la moitié des héritages possédés par le mari au moment de la bénédiction nuptiale, ainsi que la moitié de tous autres héritages qui lui advenaient et échéaient en ligne directe pendant le mariage. Cet usufruit accordé à la veuve sur une partie des biens de son mari décédé était un droit viager qui, à sa mort, faisait retour aux héritiers du mari ; il avait pour but de donner à la veuve les moyens de vivre honorablement et de continuer à tenir le rang qu'elle occupait du vivant de son mari.

La Coutume ne parlant que des héritages possédés par le mari au moment de la célébration du mariage, on a pu se demander si un héritage donné en dot par un parent n'appartenant pas à la ligne directe était sujet au douaire, parce que la célébration étant la condition de la constitution de dot, le contrat de donation ne se formait qu'au moment même de la célébration et que les biens qu'il comprenait n'étaient pas alors la propriété du mari au moment du mariage, mais ne la devenaient que par ce mariage même. On paraît néanmoins avoir admis que, la condition étant arrivée, la donation avait un effet plus ancien que la bénédiction nuptiale. C'est ainsi qu'il fut décidé, par un jugement de l'an 1616, que la veuve d'un certain Nicolas de Blois pouvait réclamer son douaire sur tous les héritages donnés en dot à son mari par contrat de mariage, bien que pendant les fiançailles et avant la bénédiction nuptiale, il eût aliéné ces héritages.

Il a encore été jugé (arrêt du 15 fév. 1566) que le mari noble ne pouvait renoncer, au préjudice du douaire, à une succession qui lui était échue pendant le mariage, si cette renonciation était faite sans cause et pour frauder sa femme.

La veuve pouvait, lorsqu'elle était dans une situation précaire et pressée par le besoin, vendre son usufruit ; mais elle devait, en premier lieu, s'adresser à l'héritier de son mari propriétaire du fonds. Elle pouvait louer cet usufruit librement et à qui bon lui semblait.

2° Douaire conventionnel. — Le douaire préfix ou conventionnel était celui qui était promis ou accordé par contrat de mariage ; il remplaçait le douaire coutumier de plein droit, à moins qu'il ne fût expressément stipulé dans le contrat de mariage que la femme pourrait choisir et s'en tenir, au décès de son mari, à celui qu'elle préférerait.

Le douaire préfix pouvait consister en une somme de deniers une fois perçue par la femme survivante ou en une rente viagère. Mais, soit qu'il s'agit d'un capital, soit que le préfix eût été fixé en rente, l'avantage accordé à la femme faisait, après sa mort, comme dans le cas du douaire coutumier, retour aux héritiers du mari. Toutefois une stipulation contraire, insérée dans le contrat de mariage, était valable et le douaire pouvait être accordé à la femme sans retour ; celle-ci avait alors la faculté de le vendre et de l'aliéner comme bon lui semblait ; c'était en un mot un propre faisant partie de ses biens en son vivant et de sa succession après sa mort. Remarquons ici que, dans les coutumes de Noyon et de Ribemont, la femme pouvait préférer le douaire coutumier au douaire préfix, à moins qu'elle ne se fût elle-même interdit cette faculté d'option par son contrat de mariage.

La veuve qui avait la faculté d'option était tenue de prendre parti dans les quarante jours qui suivaient la mort de son mari, si elle était roturière, et, dans les trois mois, si elle était noble. La femme mineure devait, avant de se déterminer, prendre l'avis de deux proches parents ou, à leur défaut, de deux amis.

Certaines coutumes avaient établi que le douaire conventionnel ne pouvait excéder le douaire coutumier ; mais, dans le plus grand nombre, on décidait au contraire que le douaire conventionnel n'avait pas de limites : c'est dans cette dernière catégorie, comprenant entre autres les coutumes de Paris et d'Orléans, qu'il faut, croyons-nous, ranger la Coutume de Vermandois bien que le texte ne contienne, à cet égard, aucun renseignement.

Saisine. — La femme se trouvait, par le décès même de son mari, saisie de tout douaire quel qu'il fût, préfix ou coutumier ; cette saisine légale lui faisait acquérir de plein droit les fruits et les intérêts des biens sur lesquels le douaire était constitué. Avant le XVIe siècle, cette saisine, qui, entre autres conséquences, permettait à la femme d'intenter en cas de trouble les actions possessoires, n'était accordée que lorsqu'il s'agissait de douaire coutumier ; on considérait en effet que la saisine légale ne devait résulter que de la loi, et que la convention ne pouvait créer la fiction qui en est le fondement.

Le droit au douaire ne prenait naissance que par la mort naturelle du mari et non par la mort civile ; il a été jugé plusieurs fois, et notamment par un arrêt rendu en la Tournelle le 27 janvier 1596, que la femme avait seulement droit, en cas de mort civile, à une pension alimentaire ou provision de biens demandée et fixée en justice.

Charges du douaire. — « Les douairières sont tenues, dit notre « Coutume, d'entretenir les édifices qu'elles tiennent en douaire de « menues réparations et les tenir clos et couverts. Et quant aux répara- « tions de grosses matières, comme de maçonnerie et charpenterie, qu'il « conviendrait employer aux dits édifices, le propriétaire est tenu de les « faire faire à ses dépens. » Cet article ne demande aucune explication ; on y retrouve la distinction entre les obligations de l'usufruitier et celles du nu-propriétaire. Les douairières devaient aussi, comme conséquence du principe qui exige que l'usufruitier jouisse en bon père de famille et sans diminution de la propriété, entretenir en bon état de culture les terres, bois, prés, vignes, jardins, etc., tenus en douaire, acquitter les rentes foncières et constituées qui grèvaient le douaire, enfin supporter les charges de l'arrière-ban.

La proclamation de l'arrière-ban était en effet mise au nombre des charges foncières ; c'était la convocation des sujets et vassaux qui tenaient des terres de fief, et ceux-ci devaient, soit prendre les armes et suivre en guerre le roi, soit mettre à son service un certain nombre d'hommes, soit enfin payer une somme déterminée à raison des fiefs qu'ils possédaient. *Here*, en français comme en allemand, signifiait armée, et *Heriban* (arrière-ban) signifiait l'amende due par celui qui négligeait de rejoindre l'armée après la convocation qui lui avait été adressée.

Les droits de relief et de rachat, lorsque le douaire portait sur un fief, étaient acquittés par les héritiers du mari et non par la veuve douairière : on a en effet jugé (arrêts des 16 février 1589 et 21 juin 1597) qu'en cas de legs d'un fief ces droits étaient à la charge du nu-propriétaire et non de l'usufruitier ; il en était évidemment de même lorsqu'il s'agissait d'un douaire, puisque la situation de la douairière avait toujours été comparée à celle de l'usufruitier et qu'on lui avait même appliqué des règles plus favorables. Si l'héritier nu-propriétaire était absent ou refusait de payer ces droits, le seigneur pouvait saisir le fief affecté au douaire ; la veuve, pour rentrer en possession, devait offrir au seigneur ce qui lui était dû, mais elle avait ensuite un recours contre l'héritier et même une action en dommages-intérêts.

Droits de la veuve et Partage. — Lorsque le mari, pendant le mariage, avait, sans le consentement de sa femme, et sans qu'elle eût renoncé à son droit, aliéné des héritages lui appartenant au jour du mariage ou lui étant échus depuis par succession en ligne directe, la femme pouvait, au décès du mari, poursuivre les détenteurs desdits héritages ; elle avait ainsi, pour la garantie de son douaire, une action hypothécaire contre tous détenteurs ou acheteurs, sauf à ceux-ci à agir ensuite par recours en garantie contre les héritiers du mari. La femme n'avait au contraire aucune action et aucune réclamation à élever si le mari, même sans son consentement, avait aliéné un héritage avec la condition que la vente serait faite à charge de douaire, c'est-à-dire que la jouissance en serait réservée à la veuve sa vie durant.

Lorsque les héritages sujets à douaire pouvaient se diviser facilement, entre majeurs et de gré à gré (mode de beaucoup préférable à tout autre puisque, comme le dit Buridan, « les passionnez qui en veulent passer « par les rigueurs de la justice ne font que, soubs le voile d'équité, « mulcter leurs compersonniers de frais desquels ils se pourraient bien « passer »), le partage était disposé par la veuve, les lots préparés par elle, mais le choix était laissé à l'héritier. Dans le cas où la femme était mineure, elle devait, comme lorsqu'il s'agissait d'opter entre le douaire coutumier et le douaire préfix, prendre, pour faire les lots, l'avis de ses deux plus proches parents ou, à leur défaut, de deux amis.

Si les héritages sujets à douaire étaient d'un partage difficile, la veuve et les héritiers pouvaient, d'un commun accord, donner les biens à ferme, en tirer le meilleur parti possible et s'en partager les revenus.

« Le douaire tant préfix que coutumier est préféré à toute debte nantye « depuis la célébration du mariage et bénédiction nuptiale. » Il faut comprendre cet article en ce sens que, si la femme a, comme nous l'avons dit plus haut, une hypothèque tacite et privilégiée sur les biens de son mari pour la sûreté de son douaire contre les créanciers postérieurs au mariage, la Coutume ne lui accorde aucun privilège à l'encontre des créanciers antérieurs au mariage.

« Je te prie, ami lecteur, de ne procéder par saisie rigoureuse sur ce « petit ouvrage ; je ne suis point encore en la dernière année de mon « loüage (s'il plaît à Dieu) et j'espère avec le temps te mieux contenter. « Que si je reconnois que ce premier emblavement soit aucunement bien « levé, tu m'encourageras à faire mieux en des autres œuvres et à ôter « l'yvraie, la moucherolle, les chardons, les bardanes, la nielle et la bruine « de ce petit champ, auquel si tu reconnois quelque veau ou faute entre « deux rayes, ne prends garde de si près, car mon intention n'étoit que « de labourer sur le mien et non pour autrui. Adieu ! »

www.ingramcontent.com/pod-product-compliance
Ingram Content Group UK Ltd.
Pitfield, Milton Keynes, MK11 3LW, UK
UKHW020313220726
13923UKWH00003B/1117